장애예술인 예술활동증명제도 시행방안 연구

장애예술인 욕구에 기반한 정책 개발하는
장애인예술연구소
Disabled Arts Research Center

장애예술인 욕구에 기반한 정책 개발하는

장애인예술연구소
Disabled Arts Research Center

장애인예술연구소

- 소장　**방귀희** 숭실대학교 사회복지대학원 겸임교수
- 연구위원
  문학/ **차희정** 경희대학교 후마니타스칼리지 외래교수, 문학평론가
  　　　박옥순 숭실사이버대학교 방송문예창작학과 외래교수, 아동문학가
  미술/ **박현희** 성산효대학원대학교 예술융합학과 교수, 서양화가
  　　　김미경 홍익대학교 미술대학 교수, 서양화가
  음악/ **전소영** 협성대학교 에이블아트 · 스포츠학과 교수, 서초한우리오케스트라 음악감독
  　　　김지현 가톨릭대학교 음악과 겸임교수, 코리안컬처리더스 대표
  무용/ **이미경** 한국파릇하우스 대표
  　　　홍혜전 서원대학교 체육예술대학 교수, 홍댄스컴퍼니 대표
  연극/ **강보름** 연극 연출, 접근성 매니저
  영화/ **유수현** 숭실사이버대학교 방송문예창작학과 외래교수, 영화감독
- **보조연구원/ 이랑서** 경희대학교 일반대학원 예술경영 전공 박사과정

DARC-1

장애예술인 예술활동증명제도 시행방안 연구

제1차 장애예술인지원 기본계획(2022~26)에 따른 장애인예술정책 시행에 있어
그 대상자에 대한 논란을 없애기 위해 장애예술인 증명이 필요함으로
장애예술인 예술활동증명제도(약칭 장애예술인증명제도)를 마련하기 위한
연구를 장애인예술연구소에서 진행하여 그 결과를 발표합니다.

2023년 7월

장애인예술연구소

Disabled Arts Research Center

장애인예술 연구를 시작하며

하이데거의 예술론은 존재론에 기초하고 있다. 그래서 그의 예술론은 존재론적 예술론으로 '예술이 무엇인가 하는 것에 대한 성찰은 전적으로 존재에 대한 물음에서만 규정된다.'고 하였다.

예술인의 특별한 재능과 그 재능이 구현된 작품을 예술의 핵심이라고 보기에 예술인은 작품의 근원이고, 작품은 예술인의 근원으로 인식하여 예술인 자체가 예술이다.

예술인은 '스스로를 나타내는 것'으로서의 존재이며, 그것을 타인들에게 '보게 하는 것'이 예술 행위라 해석할 수 있다.

존재론적 예술론에 의하면, 예술인에게 장애가 있건 없건 그 예술 행위에 차별이 생기지 않지만 현대를 사는 사람들은 예술인에게 장애가 있는 것과 없는 것에 큰 차이를 두고 있다. 그래서 장애인이 하는 예술이 '장애예술' 또는 '장애인예술'로 혼재되어 사용되고 있는 것이다.

'장애예술'과 '장애인예술' 사이에는 그동안 장애인계에서 경험하지 못한 큰 차이가 존재한다.

장애인이 하는 체육은 그 어떤 논란도 없이 '장애인체육'이라고 하면서 왜 예술에는 '장애예술'과 '장애인예술'이 논쟁을 하는 것일까?

연구는 바로 이런 의문과 차별을 해결하기 위해 답을 찾는 과정이다.

이제 예술을 하는 장애인은 '장애예술인'으로 「장애예술인지원법」에서 규정하고 있다.

장애예술인이라는 용어를 인증받는데도 수십 년이 걸렸듯 장애예술인들이 원하는 장애예술인 정책이 마련되기까지 또 많은 시간이 필요할 것이다.

그 시간을 조금이라도 앞당기기 위해서는 기초 연구가 요구되기에 지난해 '장애인예술연구소'를 설립하고 올봄에 장애인기업과 여성기업 인증을 받았다.

그리고 함께 연구과제를 풀어나갈 연구위원을 구성하고 첫 번째 연구사업으로 '장애예술인 예술활동증명제도'에 대한 연구를 진행하여 그 보고서를 발간하게 되었다.

2호 연구는 '장애예술인 창작물 우선구매제도'이고, 3호 연구는 '장애예술인 고용지원제도'로 이어질 것이다.

사실 이러한 연구는 관계 부처에서 실행하는 것이 원칙이지만 추진 속도도 늦고, 연구가 장애예술인의 실질적인 욕구를 담지 못하고 이론을 위한 이론에 머물고 있는 안타까움에 예산이 없는 상태에서 시작을 하여 여러 가지 미흡한 점이 있으나 장애예술인과 지속적으로 소통하며 도출해 낸 제도여서 현장에서 실시하기에는 크게 부족하지 않을 것이다.

본 연구소는 장애예술인이 주체가 되는 예술이라는 함의를 담은 '장애인예술'을 추구하기에 연구소 명칭을 '장애인예술연구소'로 정하고 앞으로도 장애예술인 욕구에 기반한 실질적인 정책을 개발하는 연구를 추진해 나갈 것이다.

2023년 무더위 속에서
장애인예술연구소 소장 방 귀 희

목차

Disabled Arts Research Center

표 목차

그림 목차

제1장

서론

Disabled Arts Research Center

제1절 연구의 목적 및 필요성

2011년에 제정된 「예술인복지법」 시행을 앞두고 2012년 한국예술인복지재단이 설립되었고, 바로 예술인활동증명제도를 실시하였듯이, 2020년에 제정된 「장애예술인 예술활동 지원에 관한 법률(약칭 장애예술인지원법)에 의해 마련된 〈제1차 장애예술인지원 기본계획〉(2022~2026)에 따른 장애인예술정책 시행에 있어 그 대상자에 대한 논란을 없애기 위해 장애예술인 증명이 필요함으로 '장애예술인 예술활동증명제도(약칭 장애예술인증명제도)'를 마련하여야 한다.

1. 연구 목적

- 「장애예술인지원법」에서 규정한 장애예술인의 범주를 명확히 설정함.
- 「예술인복지법」에 의해 예술활동증명제도가 실시되고 있듯이 「장애예술인지원법」에 따른 장애예술인 예술활동증명제도가 요구됨.

2. 연구 필요성

- 「장애예술인지원법」에 따른 서비스 대상자를 확실히 규정하여 장애예술인에게 안정적인 지원 서비스를 실시하기 위함.
- 장애예술인 지원정책의 이용자 범위에 대한 논란을 불식시키고, 정책을 효과적으로 수행하기 위함.

제2절 연구의 내용 및 방법

1. 연구 내용

• 「장애예술인지원법」 적용 대상자 기준 마련

「장애예술인 문화예술활동 지원에 관한 법률」 제3조(정의)에서 "장애예술인"이란 「문화예술진흥법」 제2조제1항제1호에 따른 문화예술활동을 업(業)으로 하는 사람이라 규정하였고, 「동법률 시행령」 제2조(장애예술인의 범위) 예술활동증명을 받은 사람, 문화예술 관련 저작물이 있는 사람 그리고 창작, 실연(實演), 기술지원 등의 문화예술활동으로 얻은 소득이 있는 사람 등으로 규정하고 있는데, 이것으로는 장애예술인의 범위를 정하는 데 논란이 있어 장애예술인의 예술활동 현실에 맞는 장애예술인 예술활동증명제도를 마련하여 「장애예술인지원법」에 적용되는 장애예술인의 기준을 마련한다.

• 장애예술인 예술활동증명제도 모형 개발

「예술인복지법」에 따라 '예술활동증명제도'가 실시되고 있듯이 「장애예술인지원법」에 따른 '장애예술인증명제도'를 실시하여야 장애예술인에게 실질적인 서비스를 제공할 수 있다.

장애인 증명은 장애인등록에 의한 복지카드로 확인하고, 예술인 인증을 위해 예술활동 기준을 정하고, 등록 절차와 심의 과정 등을 장애예술인 현실에 맞도록 구성하여 장애예술인 예술활동증명제도의 모형을 개발한다.

• 장애예술인 예술활동증명제도 규정 마련

「장애예술인지원법」 제3조(정의)에 제3조의 2(장애예술인의 예술활동의 증명) 신설, 제8조(실태조사)에 제8조의 2(장애예술인의 예술활동의 증명) 신설하는 법률개정 방법과 동(同)법 시행령 제2조(장애예술인의 범위)에 제2조의 2(장애예술인의 예술활동의 증명) 신설 또는 제5조(실태조사의 내용)에 제5조의2(장애예술인의 창작물 우선구매)에 이어 제5조의3(장애예술인의 예술활동의 증명) 신설하는 시행령 개정으로도 가능하다.

2. 연구 방법

초점집단 연구로 초점집단을 대상으로 인터뷰(Focus Group Interview: FGI)를 진행하였다.

- 목적: 장애예술인 당사자가 예술활동증명을 하는 데 있어 느낀 어려움과 문제점에 대한 개선방안을 통해 합리적인 '장애예술인증명제도' 마련

- 대상자: 〈2022장애예술인수첩〉에 수록된 장애예술인 중 예술 장르별(문학, 미술, 음악, 대중예술)로 2명씩 8명 선정

- 실시 방법: 2023년 6월 14일 오후 2시부터 6시까지 시각예술(문학, 미술)과 공연예술(음악, 무용, 연극)로 나누어 각 2시간씩 대면 라운드테이블 형식으로 진행

- 내용: '예술활동증명 운영지침' 제4장 인정기준에 따른 예술활동증명 기준을 기본으로 아래와 같은 연구 질문을 통해 장애예술인에게 맞는 '장애예술인증명제도' 도출

연구 질문1	현행 예술활동증명제도 이용에 걸림돌이 되는 것은 무엇인가
연구 질문2	현행 예술활동증명제도에서 삭제할 내용은 무엇인가
연구 질문3	현행 예술활동증명제도에서 추가할 내용은 무엇인가
연구 질문4	현행 예술인활동증명제도를 장애인등록제와 연계하고 싶은 점은 무엇인가

장애예술인 욕구에 기반한 '장애예술인증명제도'를 만들기 위해 연구 질문1~4를 진행하면서 비구조화된 세부 심층 질문을 이어 갔다.

제2장

선행 연구

A
D
R
C
Disabled Arts Research Center

제1절 장애예술인 실태와 정책

1. 장애예술인 정의

1, 2차에 걸쳐 '장애평등계획'을 세운 영국예술위원회에서 정의한 장애인예술(Disability Arts)은 '장애인의 문화와 개성, 장애와 구체적으로 연관된 예술 내부에서 생산된 작업 등을 반영하는 장애인에 의해서 생산된 예술 작품이고, 예술에 장애인의 참여를 지원해 주는 과정'이라고 정의하고 있다.

우리나라에서는 전문가들이 Disability Arts를 장애예술로 번역하여 사용하기 시작하였는데 〈한국장애예술인총람〉(한국장애인문화진흥회, 2009), 〈한국장애예술인 백서〉(대통령실 문화특보, 2011)에서 장애인의 예술활동을 장애인예술로, 예술활동을 하는 장애인을 장애예술인으로 지칭하기로 정하였다.

2020년에 제정된 「장애예술인지원법」에서 규정하고 있는 장애예술인은 다음과 같다.

- 「장애예술인 문화예술활동 지원에 관한 법률」 제3조(정의) 이 법에서 사용하는 용어의 뜻은 다음과 같다.

1. "장애예술인"이란 다음 각 목의 어느 하나에 해당하는 사람 중 「문화예술진흥법」 제2조 제1항 제1호에 따른 문화예술활동을 업(業)으로 하는 사람으로서 대통령령으로 정하는 사람을 말한다.
가. 「장애인복지법」 제32조에 따라 장애인등록증을 발급받은 사람
나. 「국가유공자 등 예우 및 지원에 관한 법률」 제6조의4에 따른 상이등급 중 어느 하나에 해당한다는 판정을 받은 사람

- 동 법률 시행령 제2조(장애예술인의 범위) ① 「장애예술인 문화예술활동 지원에 관한 법률」(이하 "법"이라 한다) 제3조제1호 각 목 외의 부분에서 "대통령령으로 정하는 사람"이란 다음 각 호의 어느 하나에 해당하는 사람을 말한다.

1. 「예술인 복지법」 제2조제2호 및 같은 법 시행령 제2조에 따라 예술활동증명을 받은 사람
2. 제1호 외의 사람으로서 다음 각 목의 어느 하나에 해당하는 사람

가. 「저작권법」 제2조제1호에 따른 저작물로서 같은 조 제25호에 따라 공표된 문화예술 관련 저작물이 있는 사람

나. 창작, 실연(實演), 기술지원 등의 문화예술활동으로 얻은 소득이 있는 사람

다. 그 밖에 가목 및 나목에 준하는 문화예술활동 실적이 있다고 문화체육관광부 장관이 인정하는 사람

② 제1항제2호 각 목에 따른 장애예술인의 세부 기준은 문화체육관광부 장관이 정하여 고시한다.

– 「예술인복지법」 제2조(예술인의 정의)에 따라 예술인을 "예술활동을 업(業)으로 하여 국가를 문화적, 사회적, 경제적, 정치적으로 풍요롭게 만드는 데 공헌한 자"란 '직업'으로서 예술활동을 전개하는 자를 의미한다고 설명함.

– 활동 분야에 따른 '예술인'의 범위는 「문화예술진흥법」 제2조 제1항 제1호의 "문화예술"의 12개 분야 가운데 "창작, 실연, 기술 지원 등"의 활동과 결합되는 "문학, 미술(응용미술 포함), 음악, 무용, 연극, 영화, 연예(演藝), 국악, 사진, 건축"의 10개 분야라고 설명함.

2. 장애예술인 실태

1) 2021년 장애예술인 문화예술활동 실태조사

「장애예술인지원법」이 마련된 이후의 장애예술인 실태조사는 한국문화관광연구원에서 실시한 '2021장애예술인문화예술활동실태조사'인데, 조사 규모 7,095명에서 장애예술인은 902명으로 전체의 12.7%에 불과하고, 나머지 87.3%는 복지시설과 문화시설을 모집단으로 하였기에 분석 결과에 공감되지 않는 수치가 나타났다.

2021년 실태조사에서 나타난 장애예술인의 장애 유형을 살펴보면 지적장애(34.3%), 지체장애(26.0%), 시각장애(15.0%), 자폐성장애(13.0%), 뇌병변장애(4.9%), 청각·언어장애(4.1%) 등의 순으로 지적장애와 자폐성장애를 합친 발달장애의 비중이 47.3%에 달한다.

2022년 등록장애인 현황에서 지체장애인이 전체 장애인의 45%로 가장 많은 것과 비교하면 장애예술인 장애 유형 분포는 확실히 다른 양상을 보이고 있다.

2) 2022년 장애예술인수첩

(사)한국장애예술인협회에서는 2009년 199명의 장애예술인이 수록된 〈한국장애예술인총람〉, 2018년 343명의 장애예술인을 소개한 〈장애예술인수첩〉에 이어 2022년 550명의 장애예술인을 기재한 〈2022장애예술인수첩〉을 발간하였다.

• 2022년 장애예술인수첩 등록 조건

가. 예술 부문 수상 1회 이상 또는 경력 3년(작품 발표 5회 이상) 이상의 예술인(장애인복지카드 소지)

나. 개인 작품 출간, 개인 전시회 또는 개인 콘서트 1회 이상

다. 활동 장르는 문학, 미술(사진/건축), 음악(국악), 무용, 연극, 영화, 연예, 만화(예술활동증명 세부 기준)

• 장애예술인수첩 유형별 분석

〈표1〉 장애예술인 장르별 분포

문학	미술	음악	대중예술	합계
115(21%)	164(30%)	151(27%)	120(22%)	550

'2021장애예술인문화예술활동실태조사'에서는 서양음악 27.2%, 미술 26.8%, 대중음악 11.4%순으로 나타났지만, 〈2022장애예술인수첩〉에서는 미술이 30%로 가장 많았고 그 뒤를 음악(27%), 대중예술(22%), 문학(21%)이 이었다.

〈표2〉 장애예술인 장애 유형별 분포

장르	지체	뇌병변	시각	청각	지적	자폐*	중복	기타
문학	70(61%)	27(24%)	12	4	×	×	2	
미술	87(53%)	12	9	24(15%)	10	20	2	
음악	18	2	33(22%)	3	28	63(42%)	4	
대중예술	54(45%)	17	25(21%)	13	3	2	4	안면장애1 신장장애1
합계	229(41%)	58(11%)	79(14%)	44(8%)	41(7%)	85(16%)	12(2%)	2(0%)

* 미술의 발달장애 표기 2명, 음악의 발달장애 표기 12명은 자폐로 분류

장애예술인의 장애 유형별 분포는 〈표2〉에서 보듯이 지체장애가 가장 많은 41%를 차지하였고, 자폐성장애와 지적장애를 합하면 22%로 결코 적지 않은 수이다.

장애 유형은 장르와 밀접한 관계가 있는데 지체장애는 전 장르에서 고른 우위를 보였고, 미술은 청각장애, 음악은 시각장애가 강세를 보였다. 그리고 지적과 자폐성 장애인은 문학과 대중예술에서는 매우 저조하였으나 미술과 음악에서는 활동이 많은 것이 큰 특징이다.

〈표3〉 장애예술인 성별 분포

장르	남	여	합계
문학	81(70%)	34(30%)	115(21%)
미술	98(60%)	66(40%)	164(30%)
음악	113(75%)	38(25%)	151(27%)
대중예술	78(65%)	42(35%)	120(22%)
합계	370(67%)	180(33%)	550(100%)

장애예술인의 성별 분포를 보면 〈표3〉에서 보듯이 남성이 67%로 압도적인 비율을 차지하여 여성장애인의 예술활동이 위축되어 있다는 것을 알 수 있다.

남성이 가장 많은 장르는 음악(75%)이고, 여성의 참여가 가장 많은 장르는 미술(40%)로 나타났다.

〈표4〉 장애예술인 공모 데뷔

장르	장애인예술 분야	비장애인예술 분야
문학	46(40%)	69(60%)
미술	96(59%)	68(41%)
음악	102(68%)	49(32%)
대중예술	57(47%)	63(53%)
합계	301(53.2%)	249(46.8%)

장애예술인의 데뷔 방식을 보면 장애인예술 분야에서 데뷔한 경우가 53.2%, 비장애인예술 분야에서 데뷔한 경우가 46.8%로 비장애인예술계에서도 경쟁력이 있다는 것을 알 수 있다.

비장애인예술계에서 데뷔한 장르는 문학이 60%로 가장 많았고, 음악이 32%로 가장 낮아서 음악 부문이 아직 장애예술인에 대한 벽이 높다는 것을 알 수 있다.

〈표5〉 장애예술인 전공 분포

장르	무응답	대학	대학원 이상/박사	예술 전공
문학	38(33%)	54(47%)	23(20%)/6	34(30%)
미술	66(40%)	65(40%)	33(20%)/4	70(43%)
음악	22(15%)	89(59%)	40(26%)/7	120(79%)
대중예술	50(42%)	54(45%)	16(13%)/4	28(23%)
합계	176(32%)	262(48%)	112(20%)/21(4%)	252(46%)

장애예술인의 68%가 대학 이상의 학력을 갖고 있었는데, 대학교 이상 학력에서 예술을 전공한 것에 고등학교와 대학아카데미에서 예술을 공부한 것까지 포함하여 예술 전공을 산출하면 장애예술인의 46%가 예술 전공자이다. 장르별로 보면 음악이 전공률 79%로 가장 높았고, 대중예술이 23%로 가장 낮았다.

〈2022장애예술인수첩〉 분석을 통해 장애예술인의 창작 활동이 매우 전문적이라는 사실을 알 수 있다. 장애예술인이 비장애예술인에 비하여 전문성이 부족할 것이라는 판단은 잘못된 편견이었음이 드러났으며, 우리나라 장애예술인의 수월성이 매우 높다는 사실이 입증되었다.

3) 2022년 예술활동증명 장애예술인 현황

「예술인복지법」에 의해 실시되고 있는 예술활동증명이 완료된 장애예술인의 연령별, 분야별, 지역별 분포는 다음과 같다.

〈표6〉 연령별 분포

구분	20대	30대	40대	50대	60대	70대	80대	합계
인원	282	378	399	620	733	354	103	2,869
비율	9.83	13.18	13.91	21.61	25.55	12.34	3.59	100

〈표7〉 분야별 분포

구분	문학	미술	사진	건축	음악	국악	무용	연극	영화	연예	만화	복수	합계
인원	534	847	129	–	673	96	60	192	79	82	30	147	2,869
비율	18.61	29.52	4.50	0.00	23.46	3.35	2.09	2.75	2.86	1.05	5.12	5.12	100

〈표8〉 지역별 분포

구분	서울	부산	대구	인천	광주	대전	울산	세종	경기
인원	774	171	111	161	72	83	39	11	664
비율	26.98	5.96	3.87	5.61	2.51	2.89	1.36	0.38	23.14
구분	강원	충북	충남	전북	전남	경북	경남	제주	합계
인원	96	65	70	139	94	88	150	81	2,869
비율	3.35	2.27	2.44	4.84	3.28	3.07	5.23	2.82	100

(출처: 한국예술인복지재단. '23. 01. 17. 기준)

2022년 예술인증명을 완료한 장애예술인은 2,869명으로 60대가 가장 많은 25.55%인 것은 예술인 가운데 노인성 질환으로 장애를 갖게 된 경우가 많은 것으로 보이며, 장르별 분포는 미술이 29.52%로 가장 많고 음악 23.46%, 문학 18.61% 순이었다. 지역별 분포는 서울이 26.98%, 경기가 23.14%로 서울 경기 수도권 지역이 50.12%로 절반이 넘었다.

4) 장애예술인 인구

장애예술인 인구는 '2018장애인문화예술활동실태조사'에 의하면 3만 2천여 명이다. 이 조사에서는 장애예술인 6천여 명, 장애인예술활동가 2만 6천여 명으로 구분하였다.

방귀희(2013)는 '장애예술인의 창작활동 경험에 관한 연구'에서 장애예술인 인구를 1만에서 5만 사이로 추정하였는데 그 근거는 아래와 같다.

한국고용정보원(2009)이 발표한 산업별직업별고용구조조사에 의하면 예술인 수가 18만여 명이고, 장애인출연률(2011장애인실태조사)이 5.47%인 것을 감안하여 장애예술인 수를 9천 8백여 명 약 1만 명인 것으로 추정할 수 있다. 그런데 경제활동인구의 2.1%가 콘텐츠산업에 종사하고 있는 측면에서 추산을 하면 등록장애인 수 250만 명의 2.1%인 5만여 명이 장애예술인이고 장애인계에서 주장하는 장애인인구 500만 명의 2.1%로 계산하면 10만 명이 장애예술인이라고 할 수 있지만 가장 설득력이 있는 장애예술인 수는 1만 명 수준이다.

이들 연구에 의해 추산한 장애예술인 인구는 적게는 6천여 명, 많게는 10만 명으로 결코 적은 규모는 아니다.

3. 장애예술인 지원 정책

1) 장애예술인지원 기본계획

문화체육관광부는 「장애예술인지원법」 제6조에 근거하여 2022년 9월에 〈제1차 장애예술인 문화예술활동 지원 기본계획(이하 장애예술인지원기본계획)〉을 발표하였다. 1차 기본계획은 '장애예술인 당사자 의견을 수렴한 현장 중심의 정책 수립', '모든 장애예술인의 문화예술활동을 지원하는 종합적 정책 제시', '지속가능한 개선을 위하여 장기적이고 미래지향적 정책 마련', '타부처, 지자체 관련 정책의 연계와 협력의 정책 제시'를 기본계획 수립의 기본 방향으로 정하고, '장애예술인 창작지원 강화', '장애예술인의 일자리 등 자립기반 조성', '장애예술인 문화예술활동 접근성 확대', '장애예술인 지원 정책 기반 조성', '장애예술인 예술활동 지원 전문인력 교육 지원' 다섯 개의 추진전략 하에 68개의 정책 과제를 설정하였다.

〈표9〉 제1차 장애예술인 지원 기본계획 추진전략별 정책과제

[전략1] 장애예술인 창작지원 강화	[전략2] 장애예술인의 일자리 등 자립기반 조성
1.1. 장애예술인 창작지원 다각화	2.1. 공공영역의 일자리 확대
1.1.1 장애예술인 창작지원 확대 • 공모사업 지원 확대 • 지원방식 다양화 • 창작준비금 등 지원 강화	2.1.1 장애인 인식개선 및 법령 개정을 통한 제도적 기반 마련 • 장애인 인식개선 교육 분야 지원 • 장애예술인 고용 지원
1.1.2 장애예술인 창작활동 공간 확충 • 문화기반시설 조성 • 맞춤형 레지던시	2.1.2 지자체 · 공공기관 연계 일자리 창출 • 장애예술인 일자리 지원사업 확대[2] • 예술강사/파견지원사업 확대 • 예비전속작가제도 활용[3] • 장애예술인 공연장 연계 일자리 창출
1.1.3 지역 및 청년 장애예술인 활동 활성화 • 지역 장애인 예술 지원사업 확대 • 지역거점 대표단체 육성 • 청년 장애예술인 지원강화	2.2. 민간영역의 일자리 확대
1.2. 장애예술인 예술시장 진출 및 창작물 유통 활성화	2.2.1. 부처, 민간 등 다자간 협력 및 고용인정제도 도입으로 고용 확산 • 협약형 고용모델 지원[4] • 장애예술인 고용인정제도 도입 • 고용 인센티브
1.2.1 장애예술인 예술시장 진출 지원 • 마케팅 컨설팅 지원 • 예술시장 진출 지원 • 대표 공연 지원	2.2.2 창업 지원 등 장애예술인 고용기반 확대 • 장애예술인기업 창업 지원[5] • 사회적경제 기업 발굴 • 장애인표준사업장 육성 지원[6]
1.2.2 장애예술인의 창작물 유통 지원 • 미술품 대여사업 지원 • 공공구매 확대	2.2.3. 장애예술인 맞춤형 훈련과정 개발 및 현장 인턴십 프로그램 운영 • 훈련과정 개발 • 인턴십 프로그램 운영
1.2.3 온라인 유통 플랫폼 구축 및 홍보콘텐츠 제작지원 • 유통지원 플랫폼 구축 • 장애예술 홍보콘텐츠 강화	
1.2.4 장애예술인 국제교류 활성화 • 국제 대표 축제 참여 지원[1] • 문화예술 교류 프로그램 확대	

---

1) 영국 Unlimited, SICK, 프랑스 IMAGO, Clin d'Oeil, 독일 No Limits, DADA 등
2) 서울시·경기도의 '권리중심 중증장애인 맞춤형 공공일자리' 제도 활용
3) 신진작가에게 안정적인 창작환경 제공, 화랑의 체계적 작가 발굴 및 육성 기반 조성
4) 한국장애인문화예술원-한국장애인개발원-한국장애인 고용공단의 다자간 협약
5) 예술기업 지원사업 공모시, 사업주가 장애예술인이거나 상시근로자의 30% 이상을 장애예술인으로 고용한 사업체일 경우 가산점(각 2점) 부여(청년, 수도권 외 지역 우대사항과 공통 적용)
6) 장애인 10명 이상, 상시근로자 30% 이상, 최저임금 이상 금액 지급 기준 등

[전략3] 장애예술인 문화예술활동 접근성 확대	[전략 4] 장애예술인 지원정책 기반 조성
3.1. 문화시설 및 공간 접근성 강화	**4.1. 장애예술인 지원체계 정비**
3.1.1 장애예술인 맞춤형 시설 · 공간 조성 • 표준 공연장 조성 • 이음센터 개선 • 맞춤형 장비 지원	4.1.1 장애예술인 정책 거버넌스 형성 • 예술정책과 장애인 정책 연계[8] • 기관 간 협력[9] • 중앙–지방 거버넌스
3.1.2 문화시설 접근성 매뉴얼 제작 · 보급 및 자유지구 운영 • 접근성 매뉴얼 제작 · 보급 • 문화시설 종사자 교육 • 장애예술자유지구 인증	4.1.2 장애예술인 정책의 전문성 제고 • 장애예술인 정책 전담인력 확충 • 장애인문화예술원 역할 제고
3.1.3 국공립 문화시설 개선 사업 추진 • 국공립 문화시설 개선 • 장애예술인 공연 및 작품 전시 의무화	4.1.3 장애예술인 문화예술활동 지원위원회 활성화 • 지원위원회 구성 · 운영 • 실현 가능한 실행계획 수립 및 평가
3.2. 장애예술인 정보 접근성 강화 및 대국민 인식개선	**4.2. 정책연구 및 신기술 컨버전스 촉진**
3.2.1 장애예술인 서비스 및 문화시설 정보접근성 환경 구축 • 온라인 접근성 제고 • 장애인문화예술정보시스템 개선 • 장애예술인 통합지원센터 운영[7]	4.2.1 장애예술인 관련 정책연구 및 실태조사 • 정책연구 • 실태조사
3.2.2 장애예술인 인식개선 사업 및 관련 교육 콘텐츠 제작 지원 • 콘텐츠 제작 및 보급 • 직장내 인식개선 교육	4.2.2 신기술 활용 콘텐츠 제작 및 맞춤형 교육 지원 • 신기술 활용 융복합 예술 개발 • 메타버스 활용 지원 • 신기술 관련 맞춤형 교육 운영
	4.2.3 인공지능 기반 장애예술인 지원 도구 개발 • 기초연구 수행 • 인공지능 창작도구 개발

---

7) 예) 장애인 예술은행 운영: 장애예술인 창작물을 보관하고 인증하여 소비될 수 있도록 2차 저작물로 제작·유통하여 작품료와 저작권료를 지불하는 은행 형식의 장애예술인 관리·운영
8) 관련 기관: 보건복지부 한국장애인개발원, 고용노동부 한국장애인 고용공단 등
9) 장애인문화예술원, 문화예술위원회, 예술인복지재단 등 주요 예술기관, 지역 문화재단 및 대한장애인체육회와 협력 추진

[전략5] 장애예술인 예술활동 지원 전문인력 교육 지원
5.1. 장애예술인 양성교육 체계화
5.1.1 장애인 예술교육 및 문화향유 지원 확대 • 장애인 예술교육 지원 • 특수학교 등 청소년 교육 강화 • 장애인 문화향유 지원 확대
5.1.2 장애예술인 단계별 예술교육 체계 구축 • 장애인 학생 입문형 예술교육 확대[10] • 예술 전공 장애인 대학생 지원 • 심화교육 지원
5.2. 장애예술인 예술활동 지원 전문인력 양성
5.2.1 장애예술인 예술활동 지원 전문인력 양성 및 교육과정 확대 • 장애예술인 활동지원 양성[11] • 예술시장 전문인력 양성 • 장애인 예술 교육과정 확대

2) 국정과제 속 장애예술인 지원

2022년 5월 출범한 윤석열 정부는 120대 국정과제 중 57번 국정과제로 '공정하고 사각지대 없는 예술인 지원체계 확립'을 제시하였다. 해당 국정과제에는 장애예술인 전용 공연장 · 전시장을 조성하고, 국공립 공연 · 전시장의 장애예술인 공연 · 전시를 활성화하며 장애예술인 창작물 우선구매 및 국제 교류를 지원한다는 계획, 또 장애 유형별 맞춤형 문화예술 공모사업을 지원하고, 장애 학생을 대상으로 특화된 문화예술교육을 지원한다는 계획이 포함되어 있다.

현재 대통령실 청사 로비에 발달장애 화가 8명의 작품이 전시되고 있고, 국민에게 공개된 청와대에서 2022년 8월 31일부터 20일 동안 장애인미술전시회가 있었으며, 2022년 7월 21일에 있었던 문화체육관광부 대통령 업무보고 주요 5대 아젠더에 '장애예술인지원 기본계획 수립'

---

10) 한국문화예술교육진흥원-한국장애인복지관협회 협력, 다양한 예술 분야 교육 지원
11) 한국문화예술교육진흥원(예술강사, 문화예술교육사 등), 한국문화예술위원회(무대기술, 창작·실연자, 후원매개인력 등), 지역문화진흥원(지역문화인력) 등 협력

이 포함되어 있는 점 등은 현 정부의 장애예술인 지원에 대한 의지를 엿볼 수 있는 부분이다.

또한 공공기관인 국립현대미술관 미술은행과 정부미술은행은 미술문화 발전 도모 및 국민의 문화향유권 신장을 위해 매년 다양한 경로를 통해 우수한 작품을 구입하고 있는데, 2022년부터 장애인예술 분야는 제안형(기관 제안) 구입 제도를 실시하여 장애미술인을 포함시킨 것도 장애인예술 활성화에 긍정적 영향을 미칠 수 있는 조치이다.

3) 입법화 된 장애예술인 지원

2021년부터 「장애예술인지원법」이 시행되고 있지만 장애예술인 개인이 체감하는 변화는 없다. 법률 시행을 위한 〈제1차 장애예술인지원 기본계획〉이 지난해 수립되었지만 아직은 계획 단계에 머물러 있기 때문이다.

법률 시행을 위해서는 관련 법률이 개정되어야 하는데 국민의힘 문화체육관광위원회 소속 김예지 의원이 꾸준한 입법 활동을 통해 이미 시행되고 있거나 시행을 앞두고 있는 제도는 다음과 같다.

- **「장애예술인지원법」에 '장애예술인 창작물 우선구매제도' 마련**

「장애예술인지원법」 일부개정안이 2022년 9월 국회 본회의를 통과하였고, 마침내 '장애예술인 창작물 우선구매제도'가 2023년 3월 28일부터 시행되고 있다.

제9조의2(장애예술인의 창작물 우선구매) ① 국가, 지방자치단체 및 「공공기관의 운영에 관한 법률」 제4조에 따른 공공기관(이하 이 조에서 "공공기관"이라 한다)은 장애예술인이 생산한 창작물의 우선구매에 필요한 조치를 마련하여야 한다.
② 국가 또는 지방자치단체는 제1항에 따라 우선구매를 하는 기관 등에 예산의 범위에서 재정지원을 하는 등 필요한 지원을 할 수 있다.
③ 제1항에 따른 공공기관의 범위 및 창작물의 종류 등 우선구매를 위한 조치 마련에 필요한 사항은 대통령령으로 정한다.'를 근거로 한다.

이에 따른 본 법률 시행령에는 다음과 같은 규정이 있다.

제5조의2(장애예술인의 창작물 우선구매) ① 법 제9조의2제1항에 따라 장애예술인이 생산한 창작물의 우선구매에 필요한 조치를 마련해야 하는 「공공기관의 운영에 관한 법률」 제4조에 따른 공공

기관(이하 이 조에서 "공공기관"이라 한다)의 범위는 같은 법 제5조에 따른 공기업, 준정부기관 및 기타공공기관으로 한다.

② 법 제9조의2제1항에 따라 국가, 지방자치단체 및 공공기관(이하 이 조에서 "우선구매기관"이라 한다)이 우선구매에 필요한 조치를 마련해야 하는 공예품, 공연 등의 창작물(이하 "창작물"이라 한다)의 종류는 다음 각 호와 같다.

1. 「공예문화산업 진흥법」에 따른 공예품

2. 「공연법」에 따른 공연

3. 회화, 조각, 사진, 서예, 벽화, 미디어아트 등 미술품

③ 우선구매기관은 법 제9조의2제1항에 따라 구매 총액을 기준으로 해당 연도에 구매하는 창작물의 100분의 3 이상을 장애예술인이 생산한 창작물(이하 "장애예술인창작물"이라 한다)로 구매해야 한다. 다만, 우선구매기관의 특성상 본문에 따른 우선구매비율 이상을 장애예술인창작물로 구매하기 어려운 우선구매기관의 장은 문화체육관광부 장관과 협의하여 우선구매비율을 따로 정할 수 있다.

④ 우선구매기관의 장은 매년 1월 31일까지 전년도 장애예술인창작물 우선구매 실적을 문화체육관광부 장관에게 제출해야 한다.

⑤ 문화체육관광부 장관은 우선구매기관의 장애예술인창작물 우선구매를 지원하기 위하여 장애예술인창작물의 구매를 중개할 수 있다.

⑥ 제1항부터 제5항까지에서 규정한 사항 외에 장애예술인창작물 우선구매 실적의 산정기준 등 장애예술인창작물 우선구매를 위한 조치 마련에 필요한 사항은 문화체육관광부 장관이 정하여 고시한다.

제8조의 제목 "(권한의 위탁)"을 "(업무의 위탁)"으로 하고, 같은 조 제1항에 제6호를 다음과 같이 신설한다.

6. 제5조의2제5항에 따른 장애예술인 창작물의 구매 중개에 관한 업무

업무 위탁을 받아 수행할 기관으로 (재)한국장애인문화예술원이 지정되어 현재 장애예술인 창작물 쇼핑몰을 구축하는 등 운영 지침을 마련하고 있다.

• 「문화예술진흥법」에 장애예술인 기회 보장

장애예술인의 문화예술활동 기회를 보장하기 위해 국민의힘 김예지 의원이 대표 발의한 「문화예술진흥법」 일부개정법률안이 지난 5월 25일 국회 본회의를 통과하였다. 현행 「문화예술진흥법」은 국가 및 지방자치단체는 장애인의 문화예술활동을 장려·지원하기 위해 관련

시설을 설치하는 등 종합적인 시책을 세우고, 그 추진에 필요한 행정적 · 재정적 지원방안 등을 마련해야 한다고 규정하고 있다.

김예지 의원이 발의한 「문화예술진흥법」 개정안은 제15조의2 장애인 문화예술활동의 지원에 '국가 및 지방자치단체가 설치한 문화시설 중 대통령령으로 정하는 문화시설은 장애인의 문화예술활동 기회를 보장하기 위해 「장애예술인지원법」에 따른 장애예술인의 공연, 전시 등을 정기적으로 실시해야 한다.'는 내용을 추가하였다.

제15조의2(장애인 문화예술활동의 지원) ① 국가 및 지방자치단체는 장애인의 문화예술 교육의 기회를 확대하고 장애인의 문화예술활동을 장려 · 지원하기 위하여 관련 시설을 설치하는 등 종합적인 시책을 세우고, 그 추진에 필요한 행정적 · 재정적 지원방안 등을 마련하여야 한다. [개정 2022. 9. 27.] [시행일 2023. 3. 28.]
② 국가 및 지방자치단체는 장애인의 문화적 권리를 증진하기 위하여 장애인의 문화예술 사업과 장애인 문화예술단체에 대하여 경비를 보조하는 등 필요한 지원을 할 수 있다. [본조신설 2008. 1. 17.] [시행일 2008. 4. 18.]

제15조의2제2항을 제3항으로 하고, 같은 조에 제2항 및 제4항을 각각 다음과 같이 신설한다.
② 국가 및 지방자치단체가 설치한 문화시설 중 대통령령으로 정하는 문화시설은 장애인의 문화예술활동 기회를 보장하기 위하여 「장애예술인 문화예술활동 지원에 관한 법률」 제3조제1호에 따른 장애예술인의 공연 · 전시 등을 정기적으로 실시하여야 한다.
④ 제2항에 따른 공연 · 전시 등의 실시 주기 및 범위 등에 대하여 필요한 사항은 대통령령으로 정한다.[신설 2023. 5. 25.] [시행일 2023. 11. 25.]

이 규정은 '장애예술인공공쿼터제도'로 발전시킬 수 있다.
「장애예술인지원법」 제10조(장애예술인의 참여 확대)에 '국가와 지방자치단체는 방송, 영화, 출판, 전시, 공연 등 문화예술활동에 장애예술인의 참여를 확대시키기 위하여 노력하여야 한다.'고 규정되어 있다.
이 조항에 따라 방송, 영화, 출판, 전시회, 공연 등 모든 예술활동에 장애예술인의 참여를 일정 비율로 정해 의무화하는 '장애예술인 공공쿼터제도'의 실시가 필요하다.

'장애예술인 공공쿼터제도'의 구체적인 시행 방안을 예술 장르별로 정리하면 다음과 같다.

〈표10〉 장애예술인 공공쿼터제도 실행 내용

예술장르	공공쿼터 실행 내용
문학	1년에 50권 이내의 신간을 출간하는 출판사는 출간 종의 3%를 장애문인 작품으로 출간해야 한다.
미술	공공 전시시설은 1년 전시회의 3%를 장애미술인 전시회로 할당한다.
음악	공공 음악시설은 1년 음악회의 3%를 장애음악인 음악회로 할당한다.
대중예술	뮤지컬, 연극, 무용 등 모든 공연예술 부문에서 장애예술인 공연을 3% 할당한다.
방송 및 영화	방송사에서 제작하는 프로그램의 3%에는 장애예술인이 출연해야 한다. 제작사에서 제작하는 영화의 3%에는 장애배우가 등장해야 한다.

• 장애예술인 1인기업 활성화

김예지 의원이 대표 발의하여 지난 5월 25일 본회를 통과한 「장애인기업활동촉진법」 개정안은 근로자 없이 1인 기업을 경영하는 중증장애인에게 업무지원인을 통해 안정적, 지속적으로 경영활동을 할 수 있도록 하는 등 장애인의 기업활동을 더욱 촉진하기 위한 내용이 담겨 있다.

장애예술인 가운데 1인기업으로 장애인기업이나 여성기업으로 등록하여 작품이나 굿즈를 판매하는 경우가 있어서 이 법률도 장애예술인이 많이 활용할 수 있는 규정이다.

제2절 장애인등록제도

유엔이 정한 세계장애인의 해인 1981년 우리 정부는 서둘러 「심신장애자복지법」을 제정하였지만 장애인 당사자들에게 서비스가 제공되지 않는 법은 무의미하였다. 1989년 장애인에게 필요한 서비스 내용을 담아서 「장애인복지법」으로 전면 개정하였는데 이때 장애인복지서비스 대상자를 정하기 위해 '장애인등록제도'를 실시하게 되었다.

• 장애인등록제도의 목적

장애인에 대한 복지서비스 제공 체계를 구축하기 위한 일관되고 정확한 장애상태의 판정으로 장애인등록 수행

-장애인등록 업무를 수행함에 있어 장애심사전문기관과 연계하여 적정한 장애 정도 심사
　가 이루어지도록 특별자치시 · 특별자치도 · 시군구 및 읍면동(또는 행정 관청) 등의 업무처리
　절차 안내

• 장애인등록제도의 법적 근거

「장애인복지법」 제32조, 제32조의2, 제32조의3, 제32조의9, 제87조제2호
-장애인등록 및 장애상태의 변화에 따른 재판정 실시
-장애 정도 정밀심사 및 필요 시 진료기록 등 열람 또는 사본 교부 요청
-장애인등록 취소기준 및 취소 시 등록증 반환명령
-재외동포 및 외국인의 장애인등록 대상 및 범위
-장애인등록증 양도, 대여, 유사명칭 사용 금지 및 위반 시 벌칙

「장애인복지법」 시행규칙 제3조~제10조
-장애등록 신청서, 첨부서류 등 신청 서식 및 절차
-의료기관의 장애진단 관련 절차 및 심사기준 고시 근거
-정밀심사기관의 진료기록 열람 및 사본 교부 방법, 해당 사실 통보
-장애인등록증 발급(재발급) 신청절차, 등록증 및 증명서 서식 등
-장애 정도의 조정, 장애상태 확인, 등록 취소 절차 등 규정

• 장애인등록 기준

「장애인복지법」 시행령에 따른 장애 유형을 분류하면 〈표11〉과 같고, 장애인의 장애 정도는
문재인 정부의 공약인 장애등급제 폐지로 2019년 7월 1일부터 종전 1~6등급은 폐지되고, 중·
경증으로 단순 구분됨에 따라 종전 1~3등급은 장애 정도가 심한 장애인, 4~6등급은 장애 정
도가 심하지 않은 장애인으로 전환되었다.

〈표11〉 15종 장애 유형 분류

신체적 장애		정신적 장애	
외부 신체 기능 장애(6종)	내부 기관 장애(6종)	발달장애(2종)	정신장애
지체, 뇌병변, 시각, 청각, 언어, 안면장애	신장, 심장, 간, 호흡기, 장루 · 요루, 뇌전증장애	지적, 자폐성 장애	정신장애

• 장애인등록 절차

장애인 등록을 신청하고자 하는 사람의 주소지 관할 읍 · 면 · 동사무소를 방문하여 장애인
등록 및 서비스 신청서를 작성하여 제출한다.

장애인 등록 신청은 본인이 하는 것을 원칙으로 하되 다만, 18세 미만의 아동과 거동이 불
가능한 경우 등 본인이 등록 신청을 하기 어려운 경우에는 보호자가 신청을 대행할 수 있다.

읍 · 면 · 동사무소에서는 장애진단의뢰서를 발급하여 신청자에게 교부한다. 신청자는 의
료 기관의 전문의사로부터 장애진단 및 검사를 통해 장애진단서를 발급받아 주소지 관할
읍 · 면 · 동사무소에 제출하여 장애인 등록을 한다(의료기관을 우선 방문하여 진단서를 제출하면 장애진단 의뢰서 발
급절차를 간소화할 수 있다).

신규 등록자 및 재판정 대상자는 장애 상태의 확인을 위한 '장애등급판정기준'상 장애 유형
별 참고 서식, 검사 자료, 진료 기록지(주요 진료기록) 등을 반드시 해당 진단의사로부터 발급받아
행정 관청에 제출하여야 한다.

–(기존)일선 병 · 의원의 의사 1인에 의한 장애진단 · 판정만으로 시군구(읍면동)에서
장애인 등록

-(변경)일선 병·의원의 의사는 장애진단만 하고 장애심사전문기관에서 일선 병·의원 의
사의 진단 및 소견서를 토대로 장애등급 심사 후 시군구(읍면동)에서 장애인 등록

-처리 기간은 즉시 발급되나 타 거주지에서 신청시 해당 장애인 등록기관 확인 후 발급(수수
료 없음)

-발급 방법은 전국 시·군·구 장애인 담당과(민원실) 또는 읍·면·동의 사회복지 통합관리
망(행복e음)에서 출력하여 사용

-장애인 등록 신청자에게 장애등급 심사가 결정·통보되고, 시·군·구(특별자치도 포함) 및
읍·면·동에서 장애인 등록이 완료된 후에 장애인 복지서비스가 제공됨을 안내

-기존 등록 장애인에게 장애등급 심사 후 장애등급에서 제외되는 경우 장애인 등록이 취소
될 수 있으며 장애인 차량 및 각종 조세 감면 혜택에서 제외될 수 있음을 안내

• 장애등급심사위원회
-복지 전문가, 장애인 단체 추천 의사, 공무원 등 40명 내외로 구성
-심사 건 별로 5~7인의 위원으로 구성하여 심사

제3절 예술인증명제도

1. 법적 근거

예술인 복지사업 참여를 위한 기본 절차로, 「예술인복지법」 상 예술을 '업'으로 하여 예술활동을 하고 있음을 확인하는 제도이다. 「예술인복지법」에서 규정하고 있는 예술활동증명에 대해 알아보면 아래와 같다.

「예술인복지법」 제2조(정의) 이 법에서 사용하는 용어의 뜻은 다음과 같다.

1. "문화예술"이란 「문화예술진흥법」 제2조제1항제1호에 따른 문화예술을 말한다.

2. "예술인"이란 예술활동을 업(業)으로 하여 국가를 문화적, 사회적, 경제적, 정치적으로 풍요롭게 만드는 데 공헌하는 사람으로서 문화예술 분야에서 대통령령으로 정하는 바에 따라 창작, 실연(實演), 기술지원 등의 활동을 증명할 수 있는 사람을 말한다.

3. "문화예술용역"이란 문화예술 창작 · 실연 · 기술지원 등의 용역을 말한다.

4. "문화예술기획업자등"이란 문화예술용역에 관한 기획 · 제작 · 유통업에 종사하는 자로서 예술인과 계약을 체결하는 자를 말한다.

「예술인복지법」 시행령 제2조(예술활동의 증명) ① 「예술인 복지법」(이하 "법"이라 한다) 제2조제2호에서 "대통령령으로 정하는 바에 따라 창작, 실연(實演), 기술지원 등의 활동을 증명할 수 있는 사람"이란 다음 각 호의 어느 하나에 해당하는 사람으로서 제2항부터 제4항까지의 규정에 따른 절차 및 세부 기준 등에 따라 창작, 실연, 기술지원 등의 활동을 증명할 수 있는 사람을 말한다.

1. 「저작권법」 제2조제1호 및 제25호에 따른 공표된 저작물이 있는 사람

2. 예술활동으로 얻은 소득이 있는 사람

3. 삭제〈2014. 3. 28.〉

4. 삭제〈2014. 3. 28.〉

5. 삭제〈2014. 3. 28.〉

6. 그 밖에 제1호 및 제2호에 준하는 예술활동 실적이 있는 사람

② 예술활동증명을 받으려는 사람은 예술활동증명신청서에 제1항 각 호의 어느 하나에 해당하는 사람임을 입증할 수 있는 자료를 첨부하여 법 제8조제1항에 따른 한국예술인복지재단(이하 "재단"이라 한다)에 제출하여야 한다.〈개정 2014. 12. 3., 2016. 5. 3.〉

③ 재단은 제2항에 따라 제출된 자료를 검토한 후 문화예술 각 분야별 전문가로 구성된 심의위원

회의 심의를 거쳐 신청인이 제1항 각 호의 어느 하나에 해당하는 사람인지 여부를 결정하여야 한다.〈개정 2014. 12. 3., 2016. 5. 3.〉

④ 제1항에 따른 예술활동증명에 관한 세부 기준, 제3항에 따른 심의위원회의 구성·운영, 그 밖에 예술활동증명에 필요한 사항은 문화체육관광부령으로 정한다.〈신설 2014. 12. 3.〉

2. 예술 분야

11개 예술 분야에서 창작·실연·기술지원 및 기획의 형태로 활동하는 예술인은 누구나 신청할 수 있다. 11개 예술 분야는 아래와 같다.

> 문학, 미술(일반미술, 디자인·공예, 전통미술), 사진, 만화, 건축,
> 음악(일반음악, 대중음악), 국악, 무용, 연극, 영화, 연예(방송, 공연)

※ 2개 이상 예술 분야의 활동을 동시에 하는 경우, 최대 3개 분야까지 '복수'로 선택할 수 있다.
※ 예술활동증명은 원칙적으로 대한민국 국적을 보유한 예술인만 신청가능하다. 다만, 국내 체류 중인 외국인 중 예외적으로 예술활동증명 신청이 가능할 수 있도록 하고 있다. 자세한 내용은 〈예술활동증명 운영지침〉 제2조제4항을 참고하면 되고 예술활동증명 신청 시, 이를 증빙할 수 있는 자료(외국인등록 사실증명서, 혼인관계증명서, 외국국적동포 국내거소신고증, 난민인정증명서 등)를 제출해야 한다.

3. 예술활동증명의 종류

예술활동증명은 예술활동증명(일반), 신진예술인 예술활동증명, 예술활동증명 특례 세 가지 종류가 있다. 이 중 한 가지만 선택해서 신청할 수 있다.

〈표12〉 예술활동증명의 종류

예술활동증명(일반)				신진예술인 예술활동증명	예술활동증명 특례
공개 발표된 예술활동	예술활동 수입	기준 외 활동	무형문화재 관련 특례	신진예술인 예술활동증명	산재보험 사회보험료 지원 예술인 신문고

1) 예술활동증명(일반)

-최근 3년 또는 최근 5년 동안의 공개 발표된 예술활동으로 신청

-최근 1년 또는 최근 3년 동안의 예술활동 수입으로 신청

-원로예술인, 경력단절 예술인, 특수한 방식으로 작업하는 예술인의 경우 기준 외 활동으로 신청

-문화재청 및 ^(광역)시·도에서 인정한 예술 분야 무형문화재 보유자, 전승교육사는 간소화된 서류로 예술활동증명이 가능한 무형문화재 관련 특례로 신청할 수 있다.

-예술활동증명 완료 이후 '예술활동증명 확인서' 출력이 가능하고 한국예술인복지재단의 모든 사업에 참여 신청이 가능하다.

-예술활동증명 완료 이후 일정기간 동안 유효기간이 부여되고 유효기간 만료 6개월 전부터 '재신청' 후 심의를 통해 유효기간을 연장할 수 있다.

  ※ 무형문화재 관련 특례 중 보유자 및 전승교육사는 예술활동증명 유효기간이 별도로 있지 않고 종신 적용

  ※ 무형문화재 이수자의 경우, 무형문화재 관련 특례 신청 대상에 포함되지만 해당 예술 분야별 공개 발표된 예술활동으로 신청한 것과 동일한 신청·심의 절차 및 유효기간 적용

2) 신진예술인 예술활동증명

-과거 예술활동증명 완료 받은 이력이 없는 신진예술인을 위한 제도이다.

-최근 2년 동안의 공개 발표된 예술활동으로만 신청할 수 있다.

-예술활동증명 완료 이후 '예술활동증명 확인서' 출력이 가능하고 한국예술인복지재단의 사업 중 일부 사업에 참여 신청이 가능하다.

-예술활동증명 완료 이후 2년간 유효기간이 부여되고 유효기간은 연장되지 않는다.

3) 예술활동증명 특례

-예술활동증명 특례 예술인 산재보험가입, 예술인 사회보험료지원, 예술인신문고 등 3개의 예술활동증명 특례로 구분된다.

-예술인 산재보험가입, 예술인 사회보험료지원, 예술인신문고 특례는 관련 사업 참여 및 지원을 위해 빠르게 예술활동증명을 받을 수 있도록 운영하는 제도이다.

-예술활동증명 특례 완료 이후 해당 사업에만 예술활동증명 효력이 한시적으로만 유효하

며 '예술활동증명 확인서'가 발급되지 않는다.

-해당 사업 이외 한국예술인복지재단 사업에 참여하기 위해서는 예술활동증명(일반) 또는 신진예술인 예술활동증명을 신청·완료해야 한다.

4. 종류별 신청방법

1) 예술활동증명(일반)

① 공개 발표된 예술활동: 공연, 전시, 공중송신 등의 방법으로 공개 발표된 예술 작품에 참여한 실적 또는 저작물의 발행(출판 등) 실적이 있는 예술인

② 예술활동 수입: 예술활동에 대한 대가로 받은 수당, 원고료, 인세, 저작권료, 저작인접권료, 예술품 판매대금 등 수입이 있는 예술인

③ 기준 외 활동(원로예술인): 오랜 기간 전문적인 예술활동을 한 만 70세 이상의 예술인

④ 기준 외 활동(경력단절 예술인): 전문적인 예술활동을 하고 있었으나 질병, 육아, 임신, 출산, 가족돌봄, 병역 등 불가피한 사정으로 활동이 중단된 예술인

⑤ 기준 외 활동(특수한 방식으로 작업하는 예술인): 작품 발표 주기가 매우 길거나 오랜 준비 기간을 거쳐 한꺼번에 여러 작품을 발표하는 등 특수한 방식으로 활동하는 예술인

⑥ 무형문화재 관련 특례(보유자, 전승교육사): 문화재청 및 (광역)시·도에서 인정한 예술 분야 무형문화재 보유자, 전승교육사

⑦ 무형문화재 관련 특례(이수자): 문화재청 및 (광역)시·도에서 인정한 예술 분야 무형문화재 이수자

2) 신진예술인 예술활동증명

① 신진예술인 예술활동증명: 과거 예술활동증명을 완료 받은 이력이 없는 예술인만 신청 가능하며 공개 발표된 예술활동으로만 신청 가능

3) 예술활동증명 특례

① 예술인 산재보험가입 관련 특례: 예술인 산재보험 가입을 위한 예술인

② 예술인 사회보험료 지원 관련 특례: 예술인 사회보험료 지원 신청을 위한 예술인

※ 사회보험료 지원사업 기간이 종료된 경우 신청접수가 일시적으로 중단된다.

③ 예술인신문고 관련 특례: 불공정행위 피해 구제를 받고자 하는 예술인

※ 예술활동증명 특례 신청 전, 예술인신문고 신고접수가 먼저 이루어져야 한다.

5. 신청 절차

[절차 1] 예술활동증명 종류 · 방법 확인 및 선택

예술활동증명 종류(1-①~3-③)를 확인하고 본인에게 가장 적합한 항목 1개를 선택한다. 각 예술활동증명 종류 · 방법별 기준을 확인하고 제출자료를 준비한다.

[절차 2] 예술활동증명 신청

예술인경력정보시스템(www.kawfartist.kr) 회원가입(실명인증 포함) 후 예술활동증명을 신청한다. (예술활동증명 신청방법은 〈예술활동증명 온라인 신청가이드〉 참조)

예술활동증명 신청을 마치면 문자, 메일로 '신청완료'되었음을 알린다.

※ 마지막 단계 '신청하기' 버튼을 눌러 주셔야 신청절차가 완료된다. '신청하기' 버튼을 누르지 않고 예술인경력정보시스템을 종료한 경우, 신청접수가 정상적으로 이루어지지 않는다.

[절차 3] 행정 심의

신청한 예술활동증명 종류 · 방법과 선택하신 예술 분야에 따라 제출한 자료를 검토한다. 제출한 자료 중 보완이 필요하거나 추가 자료가 필요하다고 판단될 때 '보완요청'을 할 수도 있다.

[절차 4] 심의위원회 심의

각 분야별 전문가로 구성된 심의위원회에서 예술활동증명 신청 내용을 검토하고 결과(완료/미완료)를 결정한다.

-'완료'의 경우, 신청한 예술활동증명 종류 및 예술 분야에 따라 예술활동증명 '유효기간'이 부여된다.

-'미완료'의 경우, 예술활동증명 종류 · 방법 및 예술 분야별 기준을 다시 확인하고 증빙 자료를 첨부해서 예술활동증명 신청을 다시 할 수 있다.

[절차 5] 예술활동증명 심의 결과 안내

심의위원회 심의를 마친 신청 건에 대해 최종 심의 결과를 문자, 메일로 안내한다.

6. 유효기간

1) 예술활동증명(일반)

① 공개 발표된 예술활동

'최근 5년'의 실적으로 완료된 경우 유효기간 5년

'최근 3년'의 실적으로 완료된 경우 유효기간 3년

예술 분야를 '복수'로 신청하여 완료된 경우 유효기간 3년

단, 만화 분야는 최근 실적기간과 관계 없이 유효기간 5년

② 예술활동 수입

'최근 1년' 동안 120만 원 이상의 수입으로 완료된 경우 유효기간 1년

'최근 3년' 동안 360만 원 이상의 수입으로 완료된 경우 유효기간 3년

③ 기준 외 활동(원로예술인): 별도의 유효기간이 없다(만료 기한 없음).

④ 기준 외 활동(경력단절 예술인): 심의위원 판단에 따라 유효기간이 결정된다.

⑤ 기준 외 활동(특수한 방식으로 작업하는 예술인): 신청 예술 분야에 따라 유효기간이 결정된다.

⑥ 무형문화재 관련 특례(보유자, 전승교육사): 별도의 유효기간이 없다(만료 기한 없음).

⑦ 무형문화재 관련 특례(이수자): 신청 예술 분야에 따라 유효기간이 결정된다.

2) 신진예술인 예술활동증명

① 신진예술인 예술활동증명: 모든 예술 분야 유효기간 2년

3) 예술활동증명 특례

① 예술인 산재보험가입 관련 특례: 별도의 유효기간이 없다(관련 사업에 대해서만 한시적 인정)

② 예술인 사회보험료 지원 관련 특례: 별도의 유효기간이 없다(관련 사업에 대해서만 한시적 인정)

③ 예술인신문고 관련 특례: 별도의 유효기간이 없다(관련 사업에 대해서만 한시적 인정)

※ 예술활동증명 완료 예술인에는 유효기간 만료 6개월 전 문자, 메일을 통해 유효기간 만료 예정 및 재신청에 대해 안내한다.

7. 방법별 기준 안내

2개 이상 예술 분야의 활동을 동시에 하는 경우, '복수'를 선택할 수 있다. 이때, 해당되는 각 예술 분야별 기준과 제출자료를 확인하고 그에 맞는 자료를 제출하면 된다.

1) 예술활동증명(일반)

가. 공개 발표된 예술활동

• 예술 분야 선택 시 유의사항

예술 분야를 선택할 때 '공개 발표된(완성된) 작품이 해당되는 분야를 기준으로 선택한다.

예1) 무용수가 연극 공연에 출연했을 경우 '연극' 분야 선택

예2) 음악 연주자가 무용 공연에 출연했을 경우 '무용' 선택

예3) 연극 분야에서 장치, 분장 등을 담당하는 무대미술 디자이너, 분장스태프가 개인 작업 내용을 모아 '전시'를 열었을 경우 '미술' 분야 선택

• 자료 제출 시 유의사항

- 제출자료는 가급적 이미지파일(JPG)로 제출: 한컴오피스 한글, MS Word, Powerpoint 등 임의로 수정, 편집이 가능한 파일은 인정되지 않을 수 있다.

- 제출자료는 가급적 다음 형식을 참고해서 파일명을 만들어 제출: 발표일(YYMMDD)_활동명(공연·전시·앨범명 등)_제출자료(포스터·도록·팸플릿 등)_제출자료 숫자

  예) 2020년 12월 25일 출연한 "호두까기 인형" 공연 팸플릿 표지와 내지를 제출하는 경우: 201225_호두까기인형_팸플릿_1 / 201225_호두까기인형_팸플릿_2

- 제출자료는 각각의 활동(발표)실적별로 제출: 최대 10개 활동(발표)실적 입력이 가능하고(첨부파일 입력란 하단의 "추가" 버튼 활용) 각 활동(발표)실적마다 4개까지 자료 제출이 가능하다. 4개 이상의 자료 제출이 필요한 경우 압축파일을 만들어서 제출할 수 있다.

- 예명 또는 필명으로 예술활동을 할 경우 본명-예명(필명)을 확인할 수 있는 자료를 반드시 첨부: 실명과 예명이 병기 날인된 계약서(확인서) 또는 인터넷 포털 인물정보 등 자료

- 계약서 제출 시, ① 예술활동 정보: 주최·주관, 활동명(공연명·전시명 등), 계약 & 활동 기간,

② 참여정보: 신청자명-예명 포함, 신청자 역할, ③ 계약체결일 및 계약당사자 양측의 날인 등 ①~③ 항목이 모두 확인되어야 하며 수정 불가한 파일(JPG)로 제출:

효율적인 자료검토를 위해 계약서 전문 제출을 권장한다. 다만, 민감정보 · 기밀사항 등이 포함된 부분은 블라인드 처리하여 제출할 수 있다.

나. 예술활동 수입

예술활동 수입 유형: 다음 중 하나를 선택하여 신청

-예술활동으로 얻은 소득이 최근 1년 동안 120만 원 이상인 경우

-예술활동으로 얻은 소득이 최근 3년 동안 360만 원 이상인 경우

-최근 3년 동안 예술활동으로 얻은 소득이 전체 소득의 50% 이상인 경우

• 세부 기준

-예술활동 소득은 예술활동에 대한 대가로 받은 임금 및 수당, 원고료, 인세, 저작권료, 저작인접권료, 예술품 판매대금, 보조금, 기부금, 상금(경연대회 상금 제외) 등을 포함하며, 강연료는 제외

-단체가 아닌 개인에게 귀속된 기부금 및 국고보조금은 예술활동으로 얻은 수입으로 인정

• 자료 제출 시 유의사항

계좌정보(은행명 · 계좌번호 · 계좌주명), 입금정보(입금일자(연/월/일) · 입금액 · 입금자), 해당 수입과 직접적 관련이 있는 계약서(확인서), 예술활동 실적자료(출간물 · 전시 · 공연 등의 실적정보와 신청자명 · 신청자 역할 등의 참여정보가 확인되는 자료(공개 발표된 예술활동 제출자료 예시 참조)가 필요하다.

다. 기준 외 활동

예술을 '업'으로 하여 활동하는 예술인이지만 공개 발표된 예술활동 또는 예술활동 수입 기준을 적용할 때 예술활동증명이 어려운 예술인을 위한 제도이다. 다음 중 본인의 상황에 적합한 하나를 선택하여 신청한다.

• **원로예술인**

오랜 기간 전문적인 예술활동을 한 만 70세 이상의 예술인

－언론 보도자료, 수상 실적, 주요 행사 초청 경력, 문화예술 관련 공적, 기타 문화예술 관련 공인된 활동 자료 제출(ʻ공개 발표된 예술활동ʼ 방식과 동일한 방식으로 전 생애에 걸쳐 활동한 예술활동 실적 자료 제출)

• **경력단절 예술인**

전문적인 예술활동을 하고 있었으나 불가피한 상황(질병·육아·임신·출산·군입대·가족돌봄 등)으로 예술활동이 중단된 예술인

① 경력단절 전후 공개 발표된 예술활동 자료, ② 질병, 육아, 임신, 출산, 군입대 등 경력단절 관련 증빙자료 제출(진단서, 가족관계증명서, 주민등록등본, 병적증명서 등)

• **특수한 방식으로 작업하는 예술인**

작품 발표 주기가 유난히 길거나 오랜 준비 기간을 거쳐 한꺼번에 여러 작품을 발표하는 등 특수한 방식으로 창작활동을 하는 예술인

－특수한 방식(구체적인 작업내용)을 확인할 수 있는 공개 발표된 예술활동 자료, 수입증빙 자료 등 제출

• **무형문화재 관련 특례**

「무형문화재 보전 및 진흥에 관한 법률」 제12조제1항, 제32조제1항에 따른 보유자 및 전승교육사, 동법 제2조제6호에 따른 국가무형문화재 이수자 또는 시·도무형문화재 이수자에 한해, 간소화된 절차를 통해 예술활동증명을 신청·심의하는 제도이다.

다음 중 본인의 상황에 적합한 하나를 선택하여 신청

－보유자, 전승교육사

① 문화재청 및 (광역)시·도에서 발급한 확인 서류 1개 제출

－이수자

① 문화재청 및 (광역)시·도에서 발급한 확인 서류, ② 공개 발표된 예술활동 실적 증빙 자료

※ 이수자는 이수자 취득 후 활동의 다양한 실적 제출 필요(동일한 보존회 활동 실적 제출 시 미인정될 수 있음)

－보유자 후보자, 전수자는 인정하지 않음

2) 신진예술인

과거 예술활동증명을 완료 받은 이력이 없는 예술인 대상으로 한 제도로 공개 발표된 예술활동 실적을 통해 신청할 수 있다.

* 예술활동증명의 종류에서 설명한 내용 참조

3) 예술활동증명 특례

예술활동증명 신청 대상에 따라 공개 발표된 예술활동 또는 예술활동 수입 기준과 다른 기준을 적용하여 예술활동증명을 신청·심의하는 제도이다.

다음 중 본인의 상황에 적합한 하나를 선택하여 신청할 수 있다.

-예술인 산업재해보상보험 가입 관련 특례: 예술인 산재보험 가입 신청 예술인

-예술인 사회보험료 지원 관련 특례: 예술인 사회보험료 지원 신청 예술인

-예술인 신문고 관련 특례: 「예술인복지법」 제4조의4에 따른 문화예술용역 관련 계약 의무 위반 및 제6조의2에 따른 불공정행위로 인한 피해를 구제받고자 하는 예술인

※ 예술인 신문고 관련 특례 신청 전, 예술인신문고 신고접수가 먼저 이루어져야 한다.

※ 제출한 자료가 위·변조된 자료이거나 실적이 허위인 경우 예술활동증명이 취소되며, 향후 일정 기간 동안 예술활동증명 신청 및 예술인복지사업 참여가 제한된다.

예술인복지 지원을 받은 경우 환수·회수 조치될 수 있으며 법적 불이익을 받을 수 있다.

8. 예술인복지 서비스

1) 창작준비금 지원사업

창작준비금 지원(1인 300만 원, 격년 지원)을 통한 예술인의 지속적이고 안정적인 창작활동 환경 조성 및 동기 고취를 위한 지원금 지급

-선정규모: 총 20,000명

-신청자격: 신청인(1인) 소득인정액이 120% 이내 예술인(원로 및 장애 예술인 포함)

2) 예술인 파견 지원

예술인 파견 지원사업은 예술인의 사회적 가치 확장을 위해 다양한 예술직무영역을 개발하고 사회(기업·기관 등)와 협업을 기반한 직무를 제공함으로써 적극적 예술인 복지를 실현하고

자 진행하는 사업이다.

• 리더 예술인

기업 · 기관과 매칭이 완료된 예술인으로, 참여기업 · 기관의 이슈를 진단하고 참여 예술인의 예술적 역량 · 경험과 참여기업 · 기관을 매개하여 예술적 협업구조(활동)를 마련하고 프로젝트 기획 · 운영, 성과관리 등을 진행하는 예술인

• 참여 예술인

기업 · 기관과 매칭이 완료되어, 리더 예술인와 함께 프로젝트를 기획 · 운영하는 예술인

• 참여기업 · 기관

리더 예술인 및 참여 예술인과의 매칭이 완료된 기업 · 기관으로, 매칭된 리더 예술인 및 참여 예술인과 함께 예술협업 프로젝트를 수행하는 기업 · 기관

3) 예술인 산재보험 지원사업

근로계약을 체결하지 않고 프로젝트 단위로 활동하는 프리랜서 예술인도 산재보험에 가입하여, 직업 예술활동 시 발생한 재해를 산재로 인정받아 보상을 받을 수 있다.

※ 원하는 사람이 신청하여 가입하는 임의가입 방식으로 '중소기업사업주' 형태로 보험 가입

한국예술인복지재단은 예술인이 직접 산재보험에 가입하는데 따르는 정보 부족과 행정처리의 어려움을 보완하기 위해 가입 등 보험사무를 대행하며, 보험료 부담 경감을 위해 납부 보험료를 환급 지원한다.

• 산재보험 가입 대상

-직업 예술활동을 하는 예술인

-보험사무대행 및 보험료 지원은 「예술인 복지법」 제2조에 따른 예술인으로서 예술활동증명 절차를 완료한 예술인

※ 예술활동증명 미완료자는 예술활동증명 신청 방법을 '예술인 산재보험 가입을 위한 특례'로 선택하면 빠르게 마칠 수 있다.(약 1주일 소요)

• 예술인의 산재보험료 및 보험 혜택

1등급~12등급 보험료 중 원하는 보험료를 선택하여 가입할 수 있다.

높은 보험료를 낼 수록 휴업급여, 간병비 등 산재보험 급여혜택이 커진다.

※보험료는 월 보수액을 기준으로 산정되며 매년 초 변경될 수 있다.

4) 예술인 국민연금 보험료 지원

-프리랜서 예술인: 저소득 지역가입자 국민연금 보험료 지원과 동일 기준

-근로자인 예술인 및 문화예술사업자: 기존 두루누리 사회보험료 지원과 유사 기준

5) 예술인 의료비 지원

• 지원대상

-과도한 의료비(수술비, 입원비, 약제비 등)로 경제적 부담을 겪고 있는 예술인

-「예술인 복지법」상 예술활동증명을 완료한 예술인

-가구원 소득 합산금액이 중위소득 85% 이하 이며, 지역별 자산 기준 이하인 예술인

• 지원내용

-입원비 · 수술비 · 검사비 · 약제비 · 간병비 · 보장구 구입비 · 재활치료비 등 의료비 중 실질적인 본인부담금 지원(1인 최대 300만 원, 일반질환 경우 최대 100만 원)

6) 예술인 고용보험

'예술인 고용보험'은 예술인의 사회보장 사각지대 해소, 실업위기 대처를 위해 즉 고용보험 사각지대 해소+예술인 사회안전망 강화를 위해 2020년 12월 10일부터 시행

① 가입 요건은 '고용' 대신 '문화예술용역 관련 계약' 사업주와 예술인이 체결한 문화예술 용역 관련 계약의 '기간과 소득'으로 고용보험 가입

② 계약기간 1개월 이상일 때, 대가(계약금액)가 월평균 50만 원 이상이면 당연가

예술인의 소득이 월급 형태가 아니어도, 보험료는 매월 부과됨(사업주가 예술인분과 사업주분 보험료를 합

해 매월 납부, 납부횟수=계약 개월수)

③ 계약기간 한 달 미만(단기)일 경우 별도의 소득 제한 기준 없이 당연가

④ 50만 원 미만의 소득도 다른 계약 건과 '합산'하여 월평균 소득 50만 원이면 가입 가능(이 경

우 예술인이 직접 피보험자격 소득합산신청서 제출하여 고용보험 가입)

⑤ 피보험자격 '이중취득'이 가능(근로자고용보험 + 예술인고용보험, 예술인고용보험 + 예술인고용보험 이중가입 가능)

⑥ 실업급여 수급 중 '일부 소득활동'을 인정(예술인은 실업 인정대상 기간 중 소득이 발생한 경우에는 구직급여일액을

전부 감액하거나, 일부 감액하고 지급함)

9. 예술인패스(ART PASS)

1) 예술인패스 발급 대상

-예술활동증명 완료 예술인

-학예사 및 문화예술교육사

-미술관 · 박물관의 관장 또는 설립자

2) 예술인패스 발급절차

-접수방법: 예술인패스시스템(https://artpass.kawf.kr:9443)을 통한 신청

-신청: 매달 10일, 25일 접수마감

-발급: 매달 12일, 27일 재단발급

[그림1] 예술인패스 카드 예시

2018년 1월 1일부터 예술인패스 모바일카드로 발급되고 있으며, 예술인패스와 예술활동증명 유효기간은 상이하다.

3) 예술인패스 혜택

전국 문화예술기관 관람료 및 생활 속 공간 할인 혜택을 제공한다. 예술인패스 참여기관은 다음과 같다.

• 입장료 무료

서울 문화예술공간 국립현대미술관, 국립국악원, 국립극장, 남산예술센터, 한국공연예술센터, 예술의전당, 세종문화회관, 토탈미술관, 동대문디자인플라자 등 국립현대미술관

• 입장료 1,000원 할인

강원도 문화예술공간 춘천문화예술회관, 인제하늘내린센터 등 생활속공간 금호리조트(설악), 별마로천문대

• 최대 50% 할인

경기도 문화예술공간 국립현대미술관, 경기도문화의전당, 성남아트센터, 인천문화예술회관, 의정부예술의전당, 고양문화재단, 수원문화재단, 화성시문화재단, 안산문화재단, 안양문화예술재단 등 경상도 문화예술공간 국립부산국악원, 부산문화회관, 영화의전당 수성아트피아, 대구콘서트하우스 대구오페라하우스, 창원 성산아트홀 울산문화예술회관, 경주예술의전당 통영국제음악당 등 생활속공간 금호리조트(통영), 국립부산국악원

• 최대 30% 할인

통영국제음악당, 충청도 문화예술공간 대전예술의전당, 천안예술의전당, 당진문예의전당 등 전라도 문화예술공간 국립아시아문화전당, 한국소리문화의전당, 광주문화예술회관 등 생활속공간 금호리조트(화순) 국립아시아 문화전당, 제주도 생활속공간 금호리조트(제주), 마레보비치호텔&리조트

제3장

연구 방법 및 분석

A
D R C
Disabled Arts Research Center

제1절 장애예술인 FGI

1. 연구 참여자

본 연구에서는 장애예술인 예술활동증명제도에 대한 의견을 제공해 줄 수 있는 당사자들의 의견을 직접 수집하는 방법으로 포커스 그룹 인터뷰(Focus Group Interview, FGI)를 진행하였다.

FGI는 2023년 6월 14일 오후 2시부터 4시까지 시각예술로 문학과 미술, 오후 4시부터 6시까지 공연예술로 음악과 무용, 연극 분야에서 진행하였으며, 시각예술, 공연예술 각각 120분 가량이 소요되었다. 연구 참여자는 문학(시, 평론), 미술(서양화, 동양화), 음악(연주, 성악), 대중예술(무용, 연극) 분야에서 각 2명씩, 모두 8명의 장애예술인이며, 장애 유형(지체, 뇌병변, 시각, 자폐성장애)을 고려하여 의도적 표집(purposive sampling)으로 선정하였다. 연구 참여자의 특성은 아래 〈표13〉과 같다.

〈표13〉 장애예술인 FGI 참여자 특성

구분	분야	성별	연령대	장애 유형	활동 기간	장애 원인	학력
참여자1	문학	여	50대	뇌병변	20~30년	뇌성마비	전공관련 대학 졸업
참가자2		여	50대	지체	20~30년	소아마비	대학원 졸업
참여자3	미술	여	60대	지체	10~20년	소아마비	고등학교 졸업
참여자4		남	20대	자폐성	5~10년	사고 충격	고등학교 졸업
참여자5	음악	남	40대	지체	10~20년	척수마비 (다이빙 사고)	전공관련 대학원 박사 졸업
참여자6		남	50대	시각	30년 이상	교통사고 후유증	전공관련 대학원 박사 졸업(유학)
참여자7	무용	여	50대	지체	20~30년	척수마비 (낙상사고)	대학교 졸업
참여자8	연극	남	20대	뇌병변	5년 미만	뇌성마비	대학교 졸업

참여자는 모두 장애인 문제를 논리적으로 설명할 수 있는 학력과 관련 분야에서의 경력을 갖추고 있으며, 장애 정도는 7명이 심한 장애로 87.5%이다. 연구 참여자들은 인터뷰 내내 아주 진지한 자세로 자신의 경험을 소개하며 다른 참여자의 사례에 깊이 공감하거나 반론을

퍼기도 하고, 서로 의견을 조율하기도 하면서 장애예술인증명제도 시행으로 제공되기를 원하는 장애예술인 지원 서비스에 대해 서로 경쟁하듯 의견을 내놓았다.

연구 참여자의 구성은 〈표14〉와 같이 정리할 수 있다.

성별은 남성과 여성이 각각 50%이며, 연령대는 20대부터 60대까지 고루 분포되어 있는데 50대가 62.5%로 가장 많았다. 장애 유형은 지체, 뇌병변, 시각, 자폐성발달장애로 지체장애가 50%로 절반을 차지하였고, 뇌병변장애가 25%로 뒤를 이었다. 활동 기간은 20년 이상 30년 미만이 37.5%로 가장 많았고, 그 뒤를 10년 이상 20년 미만 (25%)이 이었다. 학력은 대학 이상 학력이 75%로 매우 높았고 예술 전공률도 37.5%로 나타났다. 예술 전공 박사가 2명으로 대학원에 진학한 후 박사 학위를 받은 경우가 66.7%로 높은 학구열을 보였다.

〈표14〉 장애예술인 FGI 참여자 구성

(단위: 명)

구분	특성	빈도	특성	빈도
성별	남	4	여	4
연령대	20대	1	30대	0
	40대	1	50대	5
	60대	1		
장애 유형 (주장애 기준)	지체	4	청각	0
	뇌병변	2	자폐성	1
	시각	1		
활동 기간	5년 미만	1	20년 이상 30년 미만	3
	5년 이상 10년 미만	1	30년 이상	1
	10년 이상 20년 미만	2		
최종 학력	고등학교 졸업	2	대학원 졸업(박사 2명)	3
	대학교 졸업	3		

2. 자료 수집 과정 및 인터뷰 질문

FGI 관련 가이드라인은 장애예술인에 대한 법적 규정과 장애인예술의 국내외 정책에 대한 문헌을 검토하여 연구위원의 자문을 받아 반구조화된 형태로 질문지를 개발하여 FGI에 활용하였다. 특히 기존의 예술활동증명제도의 문제점과 개선점에 대한 토론을 자유롭게 진행하였다. 의사소통이 제한적인 발달장애인은 보호자가 인터뷰에 대신 참여하였으며, 참여자 중 시각장애인은 질문 내용과 예술활동증명제도에 대한 기초자료를 텍스트로 제공하였다. 인터뷰 내용은 참여자의 동의를 얻어 녹음하고, 축어록을 작성하여 분석하였다.

3. 연구의 엄격성과 윤리적 고려

본 연구에서는 동료집단의 구성과 자료를 남기기 위해 연구 엄격성 확보에 노력하였다. 자료 수집과 분석 과정은 연구위원의 자문을 통해 진행되었다.

본 연구의 연구 참여자들에게는 사전에 연구 목적과 내용에 대해서 충분히 파악하도록 고지하였으며, 연구 질문지를 인터뷰 일시 3주 전에 송부하여 충분히 생각하고 인터뷰에 응하도록 하였다. 또한 연구 참여자들의 개인정보 노출을 최소화할 것을 약속하는 등 윤리적 고려를 하였다.

제2절 내용 분석

1. 시각예술

1) 현행 예술활동증명제도 이용의 어려움

연구 참여자들 모두 예술활동증명을 완료한 상태였는데 제도가 시행되자마자 바로 신청하지 않은 것은 예술활동증명 기준에 자신의 조건이 맞을까 하는 확신이 없었으며, 이 제도로 얻을 수 있는 것이 무엇인지가 분명하지 않았기 때문이었다고 하였다.

그런데 이보다 더 큰 이유는 등록이 복잡해서 하다가 포기한 경우도 많았는데 2018년에 (사)한국장애예술인협회에서 '장애예술인 예술활동증명 현장신청 접수지원'을 실시하여[1] 그때 예술활동증명 신청을 하게 되었다며, 지금도 자신을 비롯한 주위 장애예술인들이 예술활동증명 신청에 어려움을 겪고 있다고 하였다.

> 창작활동을 현실적으로 하고 있는 건데 그게 어떤 건 예술인이 아니고 어떤 건 예술인이라고 할 수 있을까… 이 기준이 굉장히 모호하다는 생각이 들어요. (연구 참여자2)

> 이 기준에 맞는 건지 갈등을 좀 했었어요. 물론 하고 나니까 여러 가지로 좋은 점이 있지만 뭐 특별한 연락도 없고 내가 과연 문인인지 뭔지 그런 혼돈이 좀 오기도 하더라고요. (연구 참여자1)

> 홍보가 안 돼 있는 상황이고, 예술인들도 막상 모르고 있는 상황이고 해서 저는 이렇게 제도를 만드는 것도 물론 중요하지만 이 제도가 왜 필요한지 알리는 일부터 해야 한다고 생각해요. (연구 참여자4)

> 저는 불만이 온라인 작업을 못해서 퇴짜를 받은 적이 있어요.
> 그때(2018년) 협회에서 이음센터에 오면 대신 등록해 주는 게 굉장히 도움이 됐는데, 그 이후

---

[1] 본 협회에서 한국예술인복지재단과 함께 대학로 이음센터 장소를 지원받아 '장애예술인 예술활동증명 현장신청 접수지원'을 2018년 11월 13일부터 15일까지 3일 동안 실시하여 120여 명이 현장에서 예술인증명을 마칠 수 있었다. 그때 재단 직원이 나와서 장애예술인들이 가져온 예술활동자료를 일일이 스캔을 떠서 등록 절차를 밟아 주었다.

에 왜 안 하시는지… 지방에 있는 사람은 못 오니까 지방으로도 좀 확대를 하고(연구 참여자3)

등록을 하려면 5년 전의 전시 도록을 뒤집어서 찾아야 하고, 사진을 찍어야 하고… 그것이 발달장애인이 스스로 하기에는 어려워요.(연구 참여자4)

2) 장애예술인증명제도의 지향점

연구 참여자들이 장애예술인증명제도를 실시함에 있어 가장 걱정을 한 것은 바로 장애예술인이 자신의 정체성을 확고히 세우지 않으면 이 제도를 이용하지 않으려고 할 것이고, 비장애인들이 장애예술인의 예술활동을 전문적인 창작이 아닌 취미의 영역으로 보고 있어서 장애예술인증명이 큰 의미가 없을지도 모른다는 인식의 문제였다.

• 장애예술인 정체성 갖기가 우선

장애인 예술인이라는 정체성이 필요한 거잖아요. 근데 장애예술인들은 드러나지 않고 숨어서 활동을 하고 계시는 분들이 너무 많고, 비장애인들이 봤을 때 장애인들이 글을 쓰고 뭘 하는 거는 어떤 예술의 영역이라기보다 그냥 취미의 영역이라고 생각하는 경우가 굉장히 많은 것 같거든요.

장애예술인증명제도를 하면 그런 분들의 인식을 어떻게 제고해서 이 안으로 편입시킬 것이냐, 인식 전환을 어떻게 할 것이냐도 관건이지 않을까 생각합니다.(연구 참여자2)

• 예술활동 기간 3년이 적당

저는 3년이라는 기간도 괜찮다고 봐요. 시간을 짧게 주면 되게 효율적이지 않나 싶어요. 그리고 새로 등단하시는 작가분들도 3년을 활동하면 내가 작가로서 타이틀을 얻는다고 생각하면 프라이드도 있고 좋은 일이라고 생각해요.(연구 참여자4)

• 등록 간소화

제도적인 것들을 간소화시키고 서류 작성 등에 도움을 줄 사람이 있었으면 좋겠어요.

전시확인서라는걸 떼어 줘요. 그럼 도록이나 이런 거 다 필요 없이 그것만 제출하면 되는데….(연구 참여자3)

기획자나 매개자나 기획하는 측에서 의무적으로 발행할 수 있고 거기 홈페이지에 들어가면 내가 언제든지 다운받을 수 있는 그런 체계가 있으면 참 좋겠습니다.

재등록일 경우에 좀 더 간소화된… 활동을 유지해 왔다는 서류만 필요하지 않겠나 싶어요.(연구 참여자4)

• 기준 완화

미술은 개인전, 초대전, 단체전 이렇게 나누는데 기획전을 하나 더 추가해야 해요. 기획전은 정말 선택받은 작가만이 할 수 있는 전시거든요.

요즘 카페 전시도 굉장히 많고 거리 전시도 있고 여러 가지가 있어요. 학교나 병원에서 전시회를 열 수도 있고, 근데 전시로 인정이 안 되는 것이 현실입니다.(연구 참여자4)

정식 계약서를 쓸 수가 없는 데가 많아요.(연구 참여자3)

좀 더 분명한 기준으로 정말 예술활동을 하시는 분이 철저한 보장을 받을 수 있게 세심한 기준을 만드는 게 필요한데…

예를 들어 똑같은 거로 계속 전시회를 한다면 과연 예술가로 봐야 될까? 신작이 몇%여야 한다는 규정이 필요하지 않을까(연구 참여자4)

• 심의위원에 장애예술인 포함

예술활동 심의 시 심의위원이 세 명이잖아요. 그중에 한 명이라도 정책을 잘 알고 장애예술인 심사위원이 한 명이 추가되었으면 좋겠어요.(연구 참여자1)

• 심사보고서 발간

심사보고서 발간을 해야 되지 않을까요. 어떤 기준으로 내가 탈락이 됐고 요번에는 어떤 기준이 추가됐으며 이런 내용을 5년에 한번씩 발간하면 우리 예술가들 활동의 변화를 알 수 있을 거예요.(연구 참여자4)

연구 참여자들은 「장애예술인지원법」에 따른 장애예술인 지원정책을 시행하기 위해서는 장애예술인증명제도가 반드시 필요하다는 것에 공감하면서 예술활동증명과는 달리 기준이 완화되어 보다 많은 장애예술인들이 제도권 안에서 활동을 할 수 있도록 하고, 등록 절차가 간소화되어 장애예술인들이 손쉽게 등록을 할 수 있도록 해 주어야 한다고 하였다.

그리고 심사위원에 장애예술인을 포함시켜서 장애예술인의 현실이 잘 반영되도록 하고 5년에 한번씩 심사보고서를 발간하여 장애예술인 예술활동에 어떤 변화가 일어났는지 알 수 있도록 하자는 의견도 있었다.

3) 장애예술인증명제도 서비스

연구 참여자들은 장애예술인증명제도의 규정보다는 이 제도로 인해 어떤 서비스를 받을 수 있는가에 더 관심이 많았다.

• 작품 운송비 지원

전시를 준비하기 위해서 굉장히 비용이 많이 드는데 재료비까지는 바라지 않아도 그 작품을 전시장까지 운반하는 운송비 정도만 지원해 줘도 활동이 유지되지 않을까 싶기도 하구요.(연구 참여자4)

• 개인 집필실 & 작업실 지원

미술은 창작 스튜디오가 있잖아요. 문학을 하는 작가분들도 사실 집필할 수 있는 환경이 굉장히 중요한데 장애인 작가들을 위한 집필실이 없어요.

공유오피스에서 글 쓰면 되게 잘 써지겠다 싶었는데 장애인 화장실이 없는 거예요.(연구 참여자2)

스터디 카페가 24시간 하잖아요. 집에서 안 돼서 거기를 갔어요. 그냥 1인실을 빌리겠다 그랬더니 연락을 준다고 하고 전화가 없는 거예요. 거절을 당한 거죠. 그럴 경우에 장애예술인 패스를 갖고 있으면 스터디방을 빌려주면 좋겠어요.(연구 참여자1)

그림 그리는 사람들은 물감 냄새나 이런 것 때문에 집에서 못해요. 우리도 공간이 제일 큰 문제예요.(연구 참여자3)

• 발표 기회 확대

등용문이 될 수 있는 다양한 문예지나 동인지… 이런 것들이 좀 많이 생기면 좋겠다는 생각이 들어요.

웹소설도 더 다양한 플랫폼이 있어서 그곳에 연재되는 작품을 인정해 주는 게 좋을 것 같아요. (연구 참여자2)

문학상에서 대상 받으면 그분들만 모아서라도 동인지나 문예지를 만든다면 그것이 활동할 수 있는 기회를 만들어 줄 수 있는 장이 될 것 같아요. 일 년에 한 번씩 만이라도….

글을 썼는데 어떻게 책을 발간할지 그걸 의논할 데가 없어요. 솔직히 (연구 참여자1)

• 장애인미술 전문 잡지 발간

미술 쪽에서 잡지를 만들면 그룹전을 하거나 개인전을 할 때 그 잡지를 통해서 홍보를 하고 또 그 잡지가 증빙 서류도 되고 하면 좋지 않을까요. (연구 참여자4)

• 가외소득 인정

몇 푼 안 되는 원고료는 상관 없지만 문학상으로 받은 상금이 들어오면 구청에 전화해 가지고 얼마가 들어왔다고 말해야 해요.

얼마 전 알바가 들어와서 할려고 했거든요? 그거 다 감면하고 20만 원이 남더라고요. 20만 원이면 차비도 안 나와서 안 한다고 했어요.

안정된 직장이 아니니 취업도 못하고, 이것저것 안 하고, 수급비 60만 원으로 살려면 힘들어요.

국기법 대상자에게 가외 수입을 특례로 인정해 주면 문학활동이나 예술활동이 더 활발히 이루어지면서 그만큼 질이 향상될 것 같다는 생각을 해요. (연구 참여자1)

• 장애예술인패스카드

장애예술인 증명이 되면 책을 살 때라던지 그림 그리시는 분은 그림 도구나 이런 것들을 살 때 할인을 굉장히 많이 해 준다든지 그러면 (패스카드) 훨씬 필요하게 느껴지지 않으실까 싶어요.

영화나 뮤지컬을 볼 때 장애예술인패스카드로 하면 훨씬 많은 할인을 해 준다고 하면 다들

신청하려고 하시지 않을까요?(연구 참여자2)

연구 참여자들은 미술에 작업실이 필요하듯이 문학도 집필실이 있어야 작품에 집중할 수 있다고 하면서 스터디 카페나 공유 오피스를 이용하지 못하는 현실을 지적하였다. 미술은 전시회를 위한 작품 운송비 지원과 작품을 홍보할 수 있는 장애인미술 전문 잡지가 필요하다고 하였다. 모든 장르에서 예술활동 발표 기회가 확대되기를 원했고, 어쩌다 발생하는 소득 때문에 국민기초생활 수급비가 삭감되고 수급자에서 탈락될까 봐 걱정하지 않도록 장애예술인에게는 가외 소득이 인정되어야 한다고 주장하였다. 그리고 장애예술인증명제도로 발급받는 패스카드로 다양한 할인 서비스가 실시되기를 기대하였다.

2. 공연예술

1) 현행 예술활동증명제도 이용의 어려움

연구 참여자들은 예술활동증명제도가 신청을 하고 승인이 나기까지 최소 4개월이 걸려서 원하는 서비스 신청을 못하는 경우가 있다고 하면서, 기간이 만료되어도 안내가 없어서 예술인이 아닌 공백이 발생하는 문제점을 지적하였다.

일단 시각장애인은 인터넷 접근성이 떨어져서 스스로 등록을 한 사람이 몇 명이나 될까요?(연구 참여자6)

신청을 하면 승인이 바로 나는 게 아니라 무기한 기다려야 되는 게 많이 불편했어요. 최소 4개월이 걸리는 거예요.(연구 참여자5)

증빙할 때 사진과 이름이 들어간 홍보물이어야만 유효하게 인정이 되는데 오케스트라는 한 60명이 되는데 단체 사진만 들어가는 경우가 있는데 그럴 때는 본인 인정을 어떻게 하겠어요.(연구 참여자6)

무용도 팸플릿으로… 소속 단체에서 공연을 꾸준히 해서 아직까지는 큰 어려움이 없었어

요.(연구 참여자7)

행사 포스터, 영화 포스터, 광고 사이트, 유튜브 등으로 증빙자료를 만드는 것 같아요. 소속 사에서 해 줘서 어려움의 경험은 없습니다.(연구 참여자8)

5년 기간이 만료가 되는 시기가 다가와도 안내가 없는 거예요.

새로 신청을 하면 신청을 받는 기간 동안에 공백이 생기거든요. 그 공백 때문에 지원금 신청을 못하는 단원도 있어요.(연구 참여자6)

그 공백 동안은 예술인이 아닌가? 하는 생각이 드는 거예요.(연구 참여자5)

2) 장애예술인증명제도의 지향점

장애예술인증명제도에 등록하면 발표 기회가 많아져야 될 거예요. 그렇지 않으면 굳이 할 필요가 없죠.(연구 참여자5)

정식 공연을 하면 그것으로 축하 공연, 기념 공연을 하는데 이런 공연은 심의 조건에 충족되지 않잖아요. 그런 기준을 좀 완화해 주면 등록에 도움이 될 것 같아요.(연구 참여자8)

연구 참여자들은 장애예술인증명을 하면 발표의 기회가 많아져야지 그렇지 않으면 굳이 등록을 할 필요가 없다고 단도직입적으로 말했다. 장애예술인이란 정체성을 규정하였다면 그에 마땅한 보상이 있어야 한다는 것이다.

• 경력단절 유예

장애예술인은 몸이 안 좋아서 경력이 단절될 수 있는 상황이 있을 수 있거든요. 욕창이 생기면 1년 가까이 활동을 못해요. 경력단절의 경우는 3년이 아니라 5년 동안 3회 이렇게 예외규정이 필요해요.(연구 참여자5)

방광염 같은 경우도 갑자기 고열로 수시로 응급실에 가게 되는데 그때 만약 공연 일정이 잡

혔다면 공연 일정을 소화 못할 수도 있어요. 그래서 공연 기회가 날라가는 거죠.(연구 참여자7)

• 섭외처에 인센티브 부여

방송사나 기업 등에서 장애예술인을 출연시키면 섭외처에 줄 수 있는 어떤 혜택들이 마련되면 좋지 않을까요.(연구 참여자8)

연구 참여자들은 장애로 인한 질병이나 환경적 문제로 경력단절이 발생할 수가 있기 때문에 장애예술인은 예술활동 인증 유효기간이 3년이어도 2년 유예기간을 두어서 한번 인증을 받으면 5년 후에 재신청을 하는 유예 규정을 두는 것이 좋겠다고 했다.

그리고 장애예술인을 출연시킨 섭외처에 인센티브를 부여하면 장애예술인의 활동 기회가 더 확대될 것이라는 의견도 있었다.

3) 장애예술인증명제도 서비스

공연예술 분야 연구 참여자들은 시각예술 분야에 비해 장애예술인증명제도로 실시되어야 할 서비스 욕구가 더욱 많고도 강력했다.

• 소속사가 필요해

법적인 문제들을 소속사에서 처리해 주고… 저희 같은 경우는 출연 금액을 불러야 되는데 되게 난처할 때가 있어요. 소속사가 해 주면 안심이 돼죠.(연구 참여자8)

(소속사가 있으면) 더 많은 활동을 할 수 있게 (공연) 연결을 해 주는 중간 역할도 해 줄 수 있어요.(연구 참여자7)

(소속사에서) 매니저나 직원이 공모 지원서를 작성해 줘서 선정될 수 있는 확률을 높게 잘 만들어 준다면 좋겠어요.(연구 참여자5)

우리는 시각장애와 비시각장애 음악인으로 구성된 음악단체여서 비시각장애 음악인들의 도움을 받고 있지만 전문적으로 해 주는 매니지먼트 회사가 있으면 좋겠다는 생각은 합니다.(연구 참여자6)

• 보장구 지원

　장애인 보장구 소모가 많아요. 근데 지금 장애인 보장구 보증 기간이 전동휠체어 경우에 6년이에요. 6년 전에 망가지는데… (연구 참여자8)

　댄스용 휠체어를 예전에는 개인이 구입했는데 연맹이 활성화되면서 보장구 문제는 해결이 되었어요. (연구 참여자7)

• 공연 의상 지원

　드레스가 엄청 비싼데 대여할 수가 없어요. 저도 맞춤으로 해요. 휠체어에 앉아서 무용 동작을 할 때 치마가 바퀴에 말리거든요. 그래서 드레스 폭을 슬림하게 해요. (연구 참여자7)

　사비로 다 하죠. 대여를 해서 갖고 왔는데 공연 당일날 입었더니 너무 불편한 거예요. (연구 참여자5)

　장애인 의류 쪽은 다 기능에만 집중되어 있고 미적인 부분에서는 조금 떨어지더라고요. 스트릿 장르의 패션은 등판 쪽이 화려한 의상들이 많았어요. 근데 휠체어를 타면 등이 가려지니까 그거를 반대로 입고 패션쇼를 했던 적도 있었거든요. (연구 참여자8)

• 편의시설 장소 정보

　스튜디오들이 거의 다 지하인데 계단이 있고 엘리베이터가 없어요. (연구 참여자8)

　장애인 공연에 아무래도 경사로라든지 주차장이라든지 화장실 그런 걸 다 봐야 하기 때문에 정말 생각할 것도 많고 대관도 힘들어요. 장애예술인은 몇 프로 정도 대관 우선권을 주지 않으면 원하는 공연장을 대관할 수 없지요.
　공모사업 경쟁률이 높아지고 있어서 공모사업에 선정되기도 어렵지만 선정이 돼서 대관을 해도 무대 시설 비용이 만만치가 않기 때문에 개인이 공연을 소화하기가 매우 힘들어요. (연구 참여자7)

　노래를 하는 사람 입장에서는 녹음실을 찾게 되거든요. 녹음실도 정말 다 지하에 있지요.

음향이 좀 좋은 걸 쓰려면 비용이 또 들어가죠. 마이크도 T자 거치대가 있어야 하고 이어마이크가 편한데 비용이 조금 더 필요합니다. (연구 참여자5)

장애예술인이 쓸 수 있는 시설이나 공간이나 이런 것들을 조사해서 장문원 같은 대표 단체 홈페이지에 올려놓으면 문화시설을 찾을 때 일일이 편의시설을 확인하지 않아도 돼서 좋을 듯해요. (연구 참여자5)

• 이동수단 제공
사실 장애인 콜택시 같은 경우에는 시간 맞추기도 어려워서 지하철을 이용해요. 땀을 뻘뻘 흘리고, 눈비를 맞고 가면 모델 상태가 엉망이죠. 휠체어리프트가 있는 차량을 지원받는다면 활동에 도움이 되지 않을까 싶어요. (연구 참여자8)

공연을 갈 때 무거운 악기를 들고 이동을 해야 해서 우리 오케스트라 전용 미니버스가 있었으면 편하겠다는 생각은 합니다. (연구 참여자6)

• 예술활동비 지원
장애예술인들이 취업을 하면 소속감도 생기고, 월급을 받는다는 자긍심도 가질 수가 있고, 창작활동을 할 수 있는 최소한의 비용, 하다못해 기름값이라도 나오면 좋겠어요. (연구 참여자7)

복지 차원의 연금과 장애예술인으로서 받는 창작지원금은 성격이 다르니까 둘 중의 하나를 선택하는 게 아니라 두 개가 다 해당됐으면 좋겠어요. (연구 참여자5)

공연이 자주 있는 것이 아니어서 공연료로 생활을 할 수 없어요. 그래서 장애예술인에게 창작지원금제도가 반드시 필요하죠.
그런데 정부는 연금 외에는 현금을 줄 수 없다고 하니 언제 시행이 될지 요원하기만 합니다. (연구 참여자6)

• 전문 매니저 지원
장애예술인은 확실히 매니저가 필요해요. 현재 있는 활동보조인들은 그냥 활동만 지원하는 것이고, 스케줄을 관리한다거나 출연을 협상한다거나 그런 쪽은 아니잖아요. 장애예술인 전문 매니저가 있다면 훨씬 도움이 될 거예요.(연구 참여자8)

활동지원사가 음악에 대한 이해가 있어서 서포트를 잘해 줄 수 있다면 좋지만 그런 활동지원사를 만날 수 있는 확률은 거의 없으니 장문원에서 예술활동지원사를 양성해서 지원해 주었으면 합니다.(연구 참여자6)

• 프로필 검색 확대
소속사 같은 경우는 이름을 치면 자기 프로필이 검색이 되거든요. 이것이 네이버와 연동되어 검색이 된다면 더 많은 기회가 생기지 않을까요.(연구 참여자7)

동명의 사람이라면 장애예술인이 상위에 먼저 노출될 수 있었으면 좋겠군요.(연구 참여자5)

• 패스카드 할인
장애예술인패스카드가 생기면 자부심이 생길 것 같아요. 보통 저희 직업은 증명할 수 있는 무언가가 없어서 무직이 되잖아요.(연구 참여자8)

장애예술인 할인이 문화시설 어딜 가든 50프로 해 주면 인기 폭발할걸요.(연구 참여자6)

장애인 할인받고 장애예술인 할인까지 받아 중복 할인이 가능해지면 좋겠어요.(연구 참여자5)

저희는 사실 창작을 해야 되는 사람들이고 영감을 많이 받아야 돼서 많이 보고 많이 들어야 되는 입장이라서… 많이 다녀야 하잖아요. 할인이 되면 한번 갈 거를 두 번 가게 될 거예요.(연구 참여자8)

공연예술 분야 연구 참여자들이 원하는 서비스 내용은 소속사에서 공연을 연결해 주고 전문 매니저가 예술활동을 지원해 주는 것이었고, 장애예술인 프로필 검색이 확대되어서 장애예술인 예술활동이 홍보되어야 한다고 하였다. 또한 장애예술인 활동을 위해 보장구 지원,

공연의상 지원, 이동수단 제공 등을 요구하였으며, 편의시설이 설치된 공연장 정보를 공유하여 공연 장소를 쉽게 찾을 수 있기를 희망하였다.

시각예술과 공연예술에 참가한 FGI 연구 참여자들이 장애예술인증명제도에 거는 기대로 제시한 의견을 정리하면 〈표15〉와 같다.

〈표15〉 FGI 참가자의 장애예술인증명제도에 대한 의견

	지향점	서비스 내용
시각예술	활동 기간 3년 등록 간소화 기준 완화 심의위원에 장애예술인 포함 심사보고서 발간	작품 운송비 지원 개인 집필실 & 작업실 지원 발표기회 확대 장애인미술 전문 잡지 발간 가외소득 인정 패스카드 할인
공연예술	활동 기간 3년 등록 간소화 기준완화 경력단절 유예	소속사 필요 보장구 지원 공연의상 지원 편의시설 장소 정보 이동수단 제공 예술활동비 지원 전문 매니저 지원 섭외처에 인센티브 부여 프로필 검색 확대 패스카드 할인

제4장

장애예술인증명제도 모형

A
D R C
Disabled Arts Research Center

제1절 장애예술인증명제도 모형 기준

장애예술인은 장애인등록제도로 장애인임은 확인이 된 상태라서 예술인임을 증명하면 되고, 예술인증명은 이미 예술활동증명제도가 있기 때문에 그 틀을 장애예술인 현실에 맞도록 재구성하면서 장애예술인증명제도 모형을 개발하였다.

「예술인복지법」 시행규칙(2021년 3월 24일 개정)에 따른 '예술활동증명에 관한 세부 기준'을 바탕으로 FGI 참가자 및 다수의 장애예술인들과 전문가 그룹의 자문을 바탕으로 설계한 '장애예술인 예술활동증명에 관한 세부 기준'은 〈표16〉과 같다.

〈표16〉 장애예술인 예술활동증명에 관한 세부 기준

예술활동증명(일반)	
예술 분야	세부 기준
문학	가. 최근 3년 동안 3편 이상의 시(동시), 시조, ∨ 실적이 있는 사람 나. 최근 3년 동안 1편 이상의 단편 소설(동화, 청소년소설), 평전 작품을 문예지 등에 발표한 실적이 있는 사람 다. 최근 3년 동안 1편 이상의 희곡 작품을 문예지 등에 발표한 실적이 있는 사람 라. 최근 3년 동안 2편 이상의 평론 작품을 문예지 등에 발표한 실적이 있는 사람 마. 최근 3년 동안 1권 이상의 문학 작품집을 출간한 실적이 있는 사람
미술/ 사진/ 건축	가. 최근 3년 동안 3회 이상 미술 · 사진 · 건축 작품을 관련 매체에 발표하거나 미술 · 사진 · 건축 전시회에 작품을 전시한 실적이 있는 사람 나. 최근 3년 동안 1회 이상 미술 · 사진 · 건축 작품 개인전을 열거나 1권 이상의 미술 · 사진 · 건축 작품집을 출간한 실적이 있는 사람 다. 최근 3년 동안 2편 이상의 미술 · 사진 · 건축 비평을 관련 잡지 등에 발표하거나 1권 이상의 미술 · 사진 · 건축 비평집을 출간한 실적이 있는 사람 라. 최근 3년 동안 2회(예술감독 등 기획자의 경우는 1회) 이상의 미술 · 사진 · 건축 전시회에 기술지원 인력 또는 기획 인력으로 참여한 실적이 있는 사람

예술 분야	세부 기준
음악/ 국악	가. 최근 3년 동안 3편 이상의 음악 · 국악 공연에 출연한 실적이 있는 사람 나. 최근 3년 동안 텔레비전 및 라디오에서 방송된 예능 프로그램 등에 3편 이상 출연한 실적이 있는 사람 다. 최근 3년 동안 3곡 이상의 악곡을 작사, 작곡, 편곡, 가창 또는 연주하여 음반이나 음악 · 국악 공연을 통하여 발표한 실적이 있는 사람 라. 최근 3년 동안 1장 이상의 음반을 내거나 1권 이상의 음악 · 국악 작품집을 출간한 실적이 있는 사람 마. 최근 3년 동안 음악 · 국악 공연에서 3회 이상 지휘한 실적이 있는 사람 바. 최근 3년 동안 2편 이상의 음악 · 국악 비평을 관련 잡지 등에 발표하거나 1권 이상의 음악 · 국악 비평집을 출간한 실적이 있는 사람 사. 최근 3년 동안 2편 이상의 음악 · 국악 공연에 기술지원 인력 또는 기획 인력으로 참여한 실적이 있는 사람 아. 최근 3년 동안 2장 이상의 음반 제작에 기술지원 인력 또는 기획 인력으로 참여한 실적이 있는 사람
무용	가. 최근 3년 동안 3편 이상의 무용 공연에 출연한 실적이 있는 사람 나. 최근 3년 동안 무용 공연에서 1회 이상 안무를 담당한 실적이 있는 사람 다. 최근 3년 동안 2편 이상의 무용비평을 관련 잡지 등에 발표하거나 1권 이상의 무용 비평집을 출간한 실적이 있는 사람 라. 최근 3년 동안 2편 이상의 무용 공연에 기술지원 인력 또는 기획 인력으로 참여한 실적이 있는 사람
연극	가. 최근 3년 동안 3편 이상의 연극 공연에 출연한 실적이 있는 사람 나. 최근 3년 동안 연극 공연에서 1회 이상 연출을 담당한 실적이 있는 사람 다. 최근 3년 동안 1편 이상의 희곡을 연극 공연이나 관련 잡지 등을 통하여 발표한 실적이 있는 사람 라. 최근 3년 동안 2편 이상의 연극 비평을 관련 잡지 등에 발표하거나 1권 이상의 연극 비평집을 출간한 실적이 있는 사람 마. 최근 3년 동안 2편 이상의 연극 공연에 기술지원 인력 또는 기획 인력으로 참여한 실적이 있는 사람
영화	가. 최근 3년 동안 3편 이상의 단편영화 등에 출연한 실적이 있는 사람 나. 최근 3년 동안 단편영화 등에서 1회 이상 연출을 담당한 실적이 있는 사람 다. 최근 3년 동안 1편 이상의 시나리오를 단편영화 등을 통하여 발표한 실적이 있는 사람 라. 최근 3년 동안 2편 이상의 영화비평을 관련 잡지 등에 발표하거나 1권 이상의 영화 비평집을 출간한 실적이 있는 사람 마. 최근 3년 동안 2편 이상의 단편영화 등 제작에 기술지원 인력 또는 기획 인력으로 참여한 실적이 있는 사람

예술 분야	세부 기준
연예(演藝)	가. 최근 3년 동안 텔레비전 및 라디오에서 방송된 드라마, 예능 · 교양 프로그램 등에 3편 이상 출연하거나 1편 이상 연출 또는 진행을 담당한 실적이 있는 사람 나. 최근 3년 동안 패션쇼에 3회 이상 출연하거나 3편 이상의 광고에 출연한 실적이 있는 사람 다. 최근 3년 동안 3편 이상의 연예 공연에 출연한 실적이 있는 사람 라. 최근 3년 동안 1편 이상의 대본을 텔레비전 및 라디오에서 방송된 드라마, 예능 · 교양 프로그램 등을 통하여 발표한 실적이 있는 사람 마. 최근 3년 동안 2편 이상의 대중문화 비평을 관련 잡지 등에 발표하거나 1권 이상의 대중문화 비평집을 출간한 실적이 있는 사람 바. 최근 3년 동안 2편 이상의 방송프로그램 제작에 기술지원 인력 또는 기획 인력으로 참여한 실적이 있는 사람 사. 최근 3년 동안 2편 이상의 연예 공연에 기술지원 인력 또는 기획 인력으로 참여한 실적이 있는 사람
만화	가. 최근 3년 동안 1편 이상의 만화 작품을 6개월 이상 연재한 실적이 있는 사람. 다만, 해당 저작물로 인한 소득이 있는 경우에 한한다. 나. 최근 3년 동안 3편 이상의 만화 작품을 발표한 실적이 있는 사람. 다만, 해당 저작물로 인한 소득이 있는 경우에 한한다. 다. 최근 3년 동안 1권 이상의 만화 작품집을 출간한 실적이 있는 사람 라. 최근 3년 동안 3회 이상 만화 전시회에 작품을 전시한 실적이 있는 사람 마. 최근 3년 동안 2편 이상의 만화 비평을 발표하거나 1권 이상의 만화 비평집을 출간한 실적이 있는 사람. 다만, 만화 비평 발표의 경우 해당 저작물로 인한 소득이 있는 경우에 한한다. 바. 최근 3년 동안 2편 이상의 만화 작품 제작에 기술지원 인력 또는 기획 인력으로 참여한 실적이 있는 사람 사. 최근 3년 동안 2회 이상의 만화 전시에 기술지원 인력 또는 기획 인력으로 참여한 실적이 있는 사람

신진 예술인

예술 분야	세부 기준
문학	가. 최근 1년 동안 1편 이상의 시(동시), 시조, 수필 작품을 문예지 등에 발표한 실적이 있는 사람 나. 최근 1년 동안 1편 이상의 단편소설(동화, 청소년소설)을 문예지 등에 발표한 실적이 있는 사람 다. 최근 1년 동안 1편 이상의 평론 작품을 문예지 등에 발표한 실적이 있는 사람

예술 분야	세부 기준
미술/ 사진/ 건축	가. 최근 1년 동안 1회 이상 미술·사진·건축 작품을 관련 매체에 발표하거나 미술·사진·건축 전시회에 작품을 전시한 실적이 있는 사람 나. 최근 1년 동안 1편 이상의 미술·사진·건축 비평을 관련 잡지 등에 발표한 실적이 있는 사람 다. 최근 1년 동안 1회 이상의 미술·사진·건축 전시회에 기술지원 인력 또는 기획 인력으로 참여한 실적이 있는 사람
음악/ 국악	가. 최근 1년 동안 1편 이상의 음악·국악 공연에 출연한 실적이 있는 사람 나. 최근 1년 동안 텔레비전 및 라디오에서 방송된 예능 프로그램 등에 1편 이상 출연한 실적이 있는 사람 다. 최근 1년 동안 1곡 이상의 악곡을 작사, 작곡, 편곡, 가창 또는 연주하여 음반이나 음악·국악 공연을 통하여 발표한 실적이 있는 사람 라. 최근 1년 동안 음악·국악 공연에서 1회 이상 지휘한 실적이 있는 사람 마. 최근 1년 동안 1편 이상의 음악·국악 비평을 관련 잡지 등에 발표한 실적이 있는 사람 바. 최근 1년 동안 1편 이상의 음악·국악 공연에 기술지원 인력 또는 기획 인력으로 참여한 실적이 있는 사람 사. 최근 1년 동안 1장 이상의 음반 제작에 기술지원 인력 또는 기획 인력으로 참여한 실적이 있는 사람
무용	가. 최근 1년 동안 1편 이상의 무용 공연에 출연한 실적이 있는 사람 나. 최근 1년 동안 1편 이상의 무용비평을 관련 잡지 등에 발표한 실적이 있는 사람 다. 최근 1년 동안 1편 이상의 무용 공연에 기술지원 인력 또는 기획 인력으로 참여한 실적이 있는 사람
연극	가. 최근 1년 동안 1편 이상의 연극 공연에 출연한 실적이 있는 사람 나. 최근 1년 동안 1편 이상의 연극 비평을 관련 잡지 등에 발표한 실적이 있는 사람 다. 최근 1년 동안 1편 이상의 연극 공연에 기술지원 인력 또는 기획 인력으로 참여한 실적이 있는 사람
영화	가. 최근 1년 동안 1편 이상의 단편영화에 출연한 실적이 있는 사람 나. 최근 1년 동안 1편 이상의 영화비평을 관련 잡지 등에 발표한 실적이 있는 사람 다. 최근 1년 동안 1편 이상의 단편 영화 제작에 기술지원 인력 또는 기획 인력으로 참여한 실적이 있는 사람
연예(演藝)	가. 최근 1년 동안 텔레비전 및 라디오에서 방송된 드라마, 예능·교양 프로그램 등에 1편 이상 출연한 실적이 있는 사람 나. 최근 1년 동안 패션쇼에 1회 이상 출연하거나 1편 이상의 광고에 출연한 실적이 있는 사람 다. 최근 1년 동안 1편 이상의 연예 공연에 출연한 실적이 있는 사람 라. 최근 1년 동안 1편 이상의 대중문화 비평을 관련 잡지 등에 발표한 실적이 있는 사람 마. 최근 1년 동안 1편 이상의 방송프로그램 제작에 기술지원 인력 또는 기획 인력으로 참여한 실적이 있는 사람 바. 최근 1년 동안 1편 이상의 연예 공연에 기술지원 인력 또는 기획 인력으로 참여한 실적이 있는 사람

예술 분야	세부 기준
만화	가. 최근 1년 동안 1편 이상의 만화 작품을 발표한 실적이 있고 해당 저작물로 인한 소득이 있는 사람 나. 최근 1년 동안 1회 이상 만화 전시회에 작품을 전시한 실적이 있는 사람 다. 최근 1년 동안 1편 이상의 만화 비평을 발표한 실적이 있고 해당 저작물로 인한 소득이 있는 사람 라. 최근 1년 동안 1편 이상의 만화 작품 제작에 기술지원 인력 또는 기획 인력으로 참여한 실적이 있는 사람 마. 최근 1년 동안 1회 이상의 만화 전시에 기술지원 인력 또는 기획 인력으로 참여한 실적이 있는 사람

예술활동 수입
세부 기준
가. 예술활동으로 얻은 소득이 최근 1년 동안 90만 원 이상이거나 최근 3년 동안 270만 원 이상인 사람 나. 최근 3년 동안 예술활동으로 얻은 소득이 전체 소득의 50% 이상인 사람

※ 예술활동으로 얻은 소득은 예술활동에 대한 대가로 받은 임금 및 수당, 원고료, 인세, 저작권료, 저작인접권료, 예술품 판매대금, 보조금, 기부금, 상금 등을 포함하며, 공연이나 시연이 포함되지 않은 강연료는 제외한다.

○ **기본 기준**

가. 공개 발표된 예술활동

–공개 발표된 예술활동으로 신청 기간을 최근 3년으로 예술활동 기간을 줄여서 보다 많은 장애예술인들이 참여하도록 유도한다.

나. 예술활동 수입

① 기준: 최근 1년 동안 예술활동으로 얻은 수입이 90만 원 이상 혹은 최근 3년 동안 270만 원 이상

※ 문학은 원고료로 1년 90만 원이 어려운 상황(시 1편에 2만 원 정도)

② 첨부자료: 통장사본, 은행 거래내역 확인서 (소득금액, 지급처, 지급일시, 계좌 소유주 정보 포함)

※ 지급처가 개인사업주명일 경우 사업자등록증 또는 계약서 첨부 필요하며 모바일뱅킹 거래내역은 통장사본 자료로 확인하기 어려움

○ 기준 외 활동

원로장애예술인, 경력단절 장애예술인 외에 예술활동증명제도에는 없는 18세 미만의 장애예술인을 포함시킨다. 장애예술인 가운데 시각장애의 절대음감이나 자폐성장애의 서번트신드롬(Savant Syndrome) 즉 천재성은 유년기에 나타나기 때문에 18세 미만이어도 예술활동이 활발하면 예술인으로 승인을 하여 조기에 제도권 안으로 진입해서 보호를 받을 수 있도록 해야 한다.

또한 원로장애예술인은 예술활동증명제도에서는 70세 이상으로 정하고 있으나 장애예술인증명제도에서는 65세 이상으로 줄여서 그동안 어렵게 예술활동을 이어온 세대들이 보다 신속히 서비스를 받도록 한다. 장애인은 비장애인에 비해 연령에 따른 활동량이 현저하게 줄어드는 경향이 있어서 원로의 연령을 낮추는 것이 합리적이다.

○ 신진장애예술인 예술활동증명

예술활동증명에서 신진예술인의 경우는 2년 동안의 예술활동으로 신청을 하고 있으나 장애예술인은 예술활동 기간을 줄여서 최근 1년 동안의 예술활동으로 신청을 할 수 있도록 하여 신진장애예술인의 예술계 진입을 활성화시킨다.

○ 장애예술인증명 기간

예술활동증명의 유효기간은 5년이고, 그 기간이 지나면 재신청하여 처음에 했던 방식과 같은 과정으로 심의를 통해 유효기간을 연장하는 것이 예술활동증명의 재신청 방식이다.

장애예술인들은 1회로 끝나는 원샷(one-shot)제를 원하고 있지만 장애예술인으로서 서비스를 받으려면 예술활동이 지속되어야 함으로 5년 단위로 유효기간을 연장하되 재신청 방식을 간소화할 필요가 있다. 장애예술인증명제도는 예술활동 기간을 3년으로 정하였기에 3년 단위로 재신청을 하는 것이 마땅하나 장애인의 경우 건강이나 주위 환경 문제로 발생하는 변수가 많아서 2년 동안 유예기간을 두기로 하였다.

제2절 장애예술인증명 장르별 기준

1. 문학

○ 직업별 기준

-시인 · 수필가/ 최근 3년 동안 3편 이상의 시(시조 · 동시 포함), 수필 작품을 문예지 등에 발표

-소설가/ 최근 3년 동안 1편 이상의 단편소설(동화 포함), 평전 작품을 문예지 등에 발표

-희곡작가/ 최근 3년 동안 1편 이상의 희곡 작품을 문예지 등에 발표

-비평가/ 최근 3년 동안 2편 이상의 평론 작품을 문예지 등에 발표

-공통/ 최근 3년 동안 1권 이상의 문학 작품집 출간

○ 세부 기준

-1권 국제표준자료번호(ISBN/ISSN)를 부여받은 서적

-문예지 국제표준자료번호(ISBN/ISSN)가 부여된 월간지 · 격월간 · 계간 · 반연간 종합 문예지 · 잡지, 장르별 문예지, 문학전문 주간지

○ 자료

-작품정보(작품명 · 세부장르 · 작품수록면 · 작품분량 · 성격 등), 발행정보(발행처 · 발행일 · 국제표준자료번호(ISBN/ISSN) 등), 참여정보(신청자명 · 신청자 역할) 등이 확인되는 자료

-웹소설 제출 시, 분량과 성격을 확인할 수 있는 완결된 작품 제출이 필요하며, 작품표지+연재기간+국제표준자료번호(ISBN/ISSN)+신청자명 등이 확인 가능한 연재 플랫폼 화면 이미지 자료 제출

※ 개인이 자유롭게 글을 올릴 수 있는 온라인 매체 발표 실적은 인정되지 않음

2. 미술/사진

○ 직업별 기준

-최근 3년 동안 3회 이상 미술 · 사진 전시회에 참여하였거나 1회 이상 개인전 개최, 또는 3회 이상 관련 매체 등에 작품을 발표하거나 1권 이상의 작품집 발표

-비평가 최근 3년 동안 3회 이상 미술·사진 비평을 잡지 등에 발표하거나 1권 이상 비평집을 출간

-기획, 기술지원 스태프 최근 3년 동안 2회(예술감독 등 기획자의 경우는 1회) 이상의 미술·사진·건축 전시회에 기술지원 인력 또는 기획 인력으로 참여한 실적이 있는 자

○ 세부 기준

-1회 전시의 경우 일정한 기간 안에 이루어진 동일한 내용의 전시

-1권 국제표준자료번호(ISBN/ISSN 등)를 부여받은 서적

-1편 독립된 작품

○ 자료

1. 전시

-전시정보(전시명·전시기간(연/월/일)·전시장소·전시성격 및 주최·주관), 참여정보(신청자명, 신청자 역할, 전시(출품) 작품 등)가 확인되는 자료

- 개인전은 전시(대관)계약서(또는 확인서), 전시 성격 및 전시작품·규모 확인 가능한 전시 전경사진, 전시내용, 전시공간, 전시경력 등 전문예술활동 여부를 확인할 수 있는 상세자료 제출

 ※ 초대전은 개인전과 동일한 자료 제출 필요

 ※ 단체전은 기획전, 초대전, 아트페어 등 각기 다른 주최·주관이 개최한 다양한 전시실적 제출 필요

 ※ 언론매체 기사는 참고자료로 활용되며 제출 시 URL 주소 포함하여 첨부

2. 작품(비평)집

-작품정보(작품명·세부장르·작품수록면·작품분량·성격 등), 발행정보(발행처·발행일·국제표준자료번호(ISBN/ISSN 등), 참여정보(신청자명·신청자 역할 등)가 확인되는 자료

3. 음악/국악

○ 직업별 기준

-가창자, 연주자/최근 3년 동안 3편 이상의 음악·국악 공연 혹은 텔레비전·라디오 프로그램 출연

최근 3년 동안 1장 이상의 음반 출반

-작사(곡), 편곡가/ 최근 3년 동안 3곡 이상의 악곡을 작사(곡) 또는 편곡하여 음반이나 음악·국악 공연을 통해 발표하였거나 1권 이상의 작품집 출간

-비평가/ 최근 3년 동안 2편 이상의 음악·국악 비평을 매체를 통해 발표하였거나 1권 이상의 비평집 출간

-지휘자/ 최근 3년 동안 음악·국악 공연에서 3회 이상 지휘

-기획, 기술지원 스태프/ 최근 3년 동안 2편 이상 음악·국악 공연 참여하였거나 2장 이상의 음반에 참여

○ 세부 기준

-1편 또는 1곡 독립된 작품

-동일명칭 공연이라도 최소 6개월 시차가 있을 경우 독립된 다른 작품으로 인정

○ 자료

1. 공연(일반음악·국악)

공연정보(공연명·세부장르·공연기간(연/월/일)·공연장소·공연(프로그램) 성격 및 주최·주관), 참여정보(신청자명, 신청자 역할 등)가 확인되는 자료

2. 공연(대중음악)

공연정보(공연명·세부장르·공연기간(연/월/일)·공연장소·공연(프로그램) 성격 및 주최·주관), 참여정보(신청자명, 신청자 역할 등)가 확인되는 자료

3. 음반

앨범정보(앨범명·세부장르·발표일자(연/월/일)·발행처(제작사)), 참여정보(신청자명, 신청자 역할 등)가 확인되는 자료

4. 악곡(음원)

음원정보(앨범명·세부장르·발표일자(연/월/일)·발행처(제작사)), 참여정보(신청자명, 신청자 역할 등)가 확인되는 자료

5. 작품(비평)집

작품정보(작품명 · 세부장르 · 작품수록면 · 작품분량 · 성격 등), 발행정보(발행처 · 발행일 · 국제표준자료번호(ISBN/ISSN 등), 참여정보(신청자명 · 신청자 역할 등)가 확인되는 자료

4. 무용

○ 직업별 기준

-무용수/ 최근 3년 동안 3편 이상의 무용 공연 출연

-안무가/ 최근 3년 동안 1회 이상 무용 공연 안무 담당

-비평가/ 최근 3년 동안 2편 이상의 무용 비평을 매체를 통해 발표하였거나 1권 이상의 비평집 출간

-기획, 기술지원 스태프/ 최근 3년 동안 2편 이상 무용 공연 참여

○ 세부 기준

1편 독립된 작품을 말하며 동일명칭 공연이라도 최소 6개월 시차가 있을 경우 독립된 다른 작품으로 인정

○ 자료

1. 공연(무용수 · 안무가 · 기획 및 기술지원 스태프)

공연정보(공연명 · 세부장르 · 공연기간(연/월/일) · 공연장소 · 공연(프로그램) 성격 및 주최 · 주관), 참여정보(신청자명, 신청자 역할 등)가 확인되는 자료

2. 작품(비평)집

작품정보(작품명 · 세부장르 · 작품수록면 · 작품분량 · 성격 등), 발행정보(발행처 · 발행일 · 국제표준자료번호(ISBN/ISSN 등), 참여정보(신청자명 · 신청자 역할 등)가 확인되는 자료

5. 연극

○ **직업별 기준**

-연기자/ 최근 3년 동안 3편 이상의 연극 공연 출연

-연출가/ 최근 3년 동안 1편 이상의 연극 공연 연출

-비평가/ 최근 3년 동안 2편 이상의 연극 비평을 매체를 통해 발표하였거나 1권 이상의 비평집 출간

-극작가/ 최근 3년 동안 1편 이상의 희곡을 연극 공연이나 관련 잡지 등을 통해 발표

-기획, 기술지원 스태프/ 최근 3년 동안 2편 이상 연극 공연 참여

○ **세부 기준**

-1편 독립된 작품을 말하며 동일명칭 공연이라도 최소 6개월 시차가 있을 경우 독립된 다른 작품으로 인정

-동일작품이라도 8주 이상 연속하여 총 24회 이상 출연하면 2편으로 인정

-동일작품이라도 12주 이상 연속하여 총 36회 이상 출연하면 3편으로 인정

○ **자료**

1. 공연(연기자 · 연출가 · 극작가 · 기획 및 기술지원 스태프)

공연정보(공연명 · 세부장르 · 공연기간(연/월/일) · 공연장소 · 공연(프로그램) 성격 · 관람료 · 런타임 및 주최 · 주관), 참여정보(신청자명, 신청자 역할 등)가 확인되는 자료

2. 작품(비평)**집**

작품정보(작품명 · 세부장르 · 작품수록면 · 작품분량 · 성격 등), 발행정보(발행처 · 발행일 · 국제표준자료번호(ISBN/ISSN 등), 참여정보(신청자명 · 신청자 역할 등)가 확인되는 자료

6. 영화

○ **직업별 기준**

-연기자/ 최근 3년 동안 3편 이상의 영화 출연

-연출가/ 최근 3년 동안 1편 이상의 영화 연출

-시나리오 작가/ 최근 3년 동안 1편 이상의 시나리오를 영화를 통해 발표

-비평가/ 최근 3년 동안 2편 이상의 영화비평을 매체를 통해 발표하였거나 1권 이상의 비평집 출간

-극작가/ 최근 3년 동안 1편 이상의 희곡을 연극 공연이나 관련 잡지 등을 통해 발표

-기획, 기술지원 스태프/ 최근 3년 동안 2편 이상 영화 작품 참여

○ 세부 기준

-1편 영화상영관 등에서 상영되거나 상영등급분류를 받은 영화

-공개 행사 등에서 상영된 단편영화

○ 자료

1. 영화(연기자 · 연출가 · 시나리오작가 · 극작가 · 기획 및 기술지원 스태프)

작품정보(작품명 · 세부장르 · 발표일(또는 상영기간(연/월/일) 및 제작사), 참여정보(신청자명, 신청자 역할 등)가 확인되는 자료

2.작품(비평)집

작품정보(작품명 · 세부장르 · 작품수록면 · 작품분량 · 성격 등), 발행정보(발행처 · 발행일 · 국제표준자료번호(ISBN/ISSN 등), 참여정보(신청자명 · 신청자 역할 등)가 확인되는 자료

7. 연예

○ 직업별 기준

-배우 · 개그맨 · MC · 프로듀서 등/최근 3년 동안 3편 이상 텔레비전 및 라디오를 통방송에 출연한 자

최근 3년 동안 1편 이상 연출자 또는 진행자(드라마, 음악 · 코미디 · 예능 · 교양 프로그램 등)

-패션모델/ 최근 3년 동안 3회 이상 패션쇼에 출연하였거나 3편 이상의 광고에 출연

-공연자/ 최근 3년 동안 3편 이상 연예(공연) 출연

-작가/ 최근 3년 동안 드라마 · 예능 · 교양 프로그램 등 1편 이상 대본을 통해 발표

-비평가/ 최근 3년 동안 2편 이상의 대중문화 비평을 관련 잡지 등에 발표하였거나 1권 이상의 비평집을 출간

-기획, 기술지원 스태프/최근 3년 동안 2편 이상의 연예 공연에 기술지원 인력 또는 기획 인력으로 참여

최근 3년 동안 2편 이상의 방송프로그램 제작에 기술지원 인력 또는 기획 인력으로 참여

○ 세부 기준

1편 독립된 작품을 말하며 동일명칭 공연 · 방송이라도 최소 6개월 시차가 있을 경우 독립된 다른 작품으로 인정

○ 자료

1. 연예(공연)

공연정보(공연명 · 세부장르 · 공연기간(연/월/일) · 공연장소 · 공연(프로그램) 성격 · 관람료 · 런타임 및 주최 · 주관), 참여정보(신청자명, 신청자 역할 등)가 확인되는 자료

2. 연예(방송)

출연방송 프로그램정보(프로그램명 · 방영일(연/월/일) · 방영매체 · 프로그램 성격 및 제작사), 참여정보(신청자명, 신청자 역할 등)가 확인되는 자료

3. 작품(비평)집

작품정보(작품명 · 세부장르 · 작품수록면 · 작품분량 · 성격 등), 발행정보(발행처 · 발행일 · 국제표준자료번호(ISBN/ISSN 등), 참여정보(신청자명 · 신청자 역할 등)가 확인되는 자료

8. 만화

○ 직업별 기준

-만화가/ 최근 3년 동안 1권 이상의 만화 작품집을 출간 실적이 있는 자

최근 3년 동안 1편 이상의 만화 작품을 6개월 이상 연재하였고 저작물로 인한 소득이 있는 자

최근 3년 동안 3편 이상의 만화 작품을 발표하여 해당 저작물로 인한 소득이 있는 자

최근 3년 동안 3회 이상 만화 전시회에 작품 전시한 실적이 있는 자

-비평가/ 최근 3년 동안 2편 이상의 만화 비평을 발표하여 해당 저작물로 인한 소득이 있는 자 또는 1권 이상의 만화 비평집을 출간하여 해당 저작물로 인한 소득이 있는 자

-기획, 기술지원 스태프/ 최근 3년 동안 2편 이상의 만화 작품 제작에 참여한 자

최근 3년 동안 2회 이상의 만화 전시에 참여한 자

○ 세부 기준
-1편 독립된 작품
-1회 전시의 경우 일정한 기간 안에 이루어진 동일한 내용의 전시
-1권 국제표준자료번호(ISBN/ISSN)를 부여받은 서적

○ 자료
1. 작품(만화 비평)집

작품정보(작품명 · 세부장르 · 작품수록면 · 작품분량 · 성격 등), 발행정보(발행처 · 발행일 · 국제표준자료번호(ISBN/ISSN) 등), 참여정보(신청자명 · 신청자 역할 등)가 확인되는 자료

2. 연재작품

작품정보(작품명 · 세부장르 · 작품성격 · 작품내용 등), 연재정보(연재플랫폼 · 연재기간(연재시작일 및 최근연재일(연/월/일), 참여정보(신청자명 · 신청자 역할), 해당 작품 소득 등이 확인되는 자료

3. 전시

전시정보(전시명 · 전시기간(연/월/일) · 전시장소 · 전시성격 및 주최 · 주관), 참여정보(신청자명, 신청자 역할, 전시(출품) 작품 등)가 확인되는 자료

이상 8개 분야로 장애예술인 예술활동증명 세부내용을 살펴보았는데 공개된 예술활동 외에 예술활동 수입 기준은 모든 장르 공통 사항이며, 예명을 사용하는 경우, 실명과 예명이 병기 날인된 계약서(확인서) 또는 인터넷 포털 인물정보 등을 첨부하여야 한다.

제3절 실행 방안

1. 운영 방법

1) 장애예술인 예술활동증명 방법

○ 예술인경력정보시스템

기존 예술활동증명은 '예술인경력정보시스템'을 통해서 예술인이 직접 온라인으로 등록하도록 되어 있으나 컴퓨터 접근성이 떨어지는 경우 재단 방문이나 우편으로 접수도 가능하고, 이것도 어려운 예술인을 위해 찾아가는 예술활동증명 서비스를 실시하고 있다. 이것은 오프라인 접수 방식이 있지만 그런 경우 직원이 온라인에 등록을 대신하게 된다. 그래서 어떤 방식이던 예술활동증명 절차는 [그림2]와 같다.

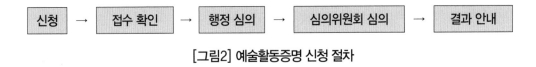

[그림2] 예술활동증명 신청 절차

심의위원은 한국예술인복지재단에서 부여한 아이디와 비밀번호로 '예술인경력정보시스템'에 로그인하여 [그림3] 부터 [그림6] 까지의 과정으로 심사를 진행한다.

[그림3] 예술인경력정보시스템 구성

'예술인경력정보시스템' 메인화면 상단에 예술활동증명 검토관리, 특례신청 검토관리, 신진신청 검토관리가 있고, 예술활동증명 검토관리에 신규신청과 재신청이 있다.

[그림4] 예술인경력정보시스템 신청 정보

신진신청 검토관리에 들어가면 신청정보가 나오는데 이 구성은 다른 분야도 같은 형식이다.

[그림5] 예술인경력정보시스템 신청 내역

신진예술인은 작품을 1개만 올려도 되기 때문에 1번 칸만 써도 되지만 기성 예술인은 문학의 경우 5개 작품을 넣어야 해서 1번에서 5번 칸까지 기입을 해야 하는데 5개 작품 이상도 올릴 수가 있다.

[그림6] 예술인경력정보시스템 검토 결과

완료일 경우는 '심의 기준에 부합함'이라고 쓰고 저장을 누르면 되고, 미완료일 경우는 심의 기준에 부합하지 않는 사유를 자세히 적어야 한다.

심의결과 승인이 되면 신청 내역을 확인할 수 있고, 출력을 누르면 예술활동증명 확인서가 나온다.

신청내역 확인

H > 예술활동증명 > 신청내역 확인

방 * * 님, 예술활동증명 절차가 완료되었습니다.

번호	예술활동증명 방법	신청일	완료일	만료일	진행상태	비고	출력
3	공개 발표된 예술활동	2022-05-31	2022-09-19	2028-09-18	완료	-	출력
2	공개 발표된 예술활동	2017-11-09	2017-11-24	2022-11-23	완료 (만료)	-	출력
1	공개 발표된 예술활동	2012-12-31	2013-01-07	2018-01-06	완료 (만료)	-	출력

[그림7] 예술인경력정보시스템 신청 내역 확인

예술활동증명 완료 이후 한국예술인복지재단의 모든 사업에 참여 신청을 할 수 있다.

[그림8] 예술활동증명 확인서

○ 장애예술인경력정보시스템

연구 참여자들 뿐만이 아니라 대다수의 장애예술인들이 장애로 인한 정보접근성 문제로 '예술인경력정보시스템'을 통해서 예술인이 직접 온라인으로 등록을 하는 것에 어려움을 느

끼고 있어서 대리로 해 주길 원하지만 '예술인경력정보시스템' 로그인을 하기 위해서는 회원가입부터 해야 하기 때문에 장애예술인 본인과 떨어져 있는 상태에서는 신청 진행이 어렵다. 그래서 공적인 장애인예술기관인 (재)한국장애인문화예술원에서 장애예술인을 대상으로 예술활동증명 등록 사업을 해 줄 것을 원하고 있다.

'장애예술인경력정보시스템'은 '예술인경력정보시스템'을 기반으로 장애예술인증명제도 내용에 맞게 설계하고, 시각장애인과 청각장애인을 위해 웹접근성 기준에 맞춰서 제작하면 된다.

'장애예술인경력정보시스템'은 예술활동증명 검토관리에서 이미 활동하고 있는 장애예술인 외에 18세 미만, 원로, 경력단절 장애예술인이 모두 포함된다. 신진신청 검토관리와 재신청을 별도로 마련하고, 특례신청 검토관리는 설치하지 않는다.

[그림9] 장애예술인경력정보시스템 구성

'장애예술인경력정보시스템'의 기본 정보도 간소화할 필요가 있어서 [그림10]과 같이 구성해 보았다.

성명	(한글)	(영문)	필명(예명)	
주민등록번호				
주소				
휴대전화		전자우편		
예술활동유형		예술 분야		
데뷔	연도		작품명	
장애인증명				

[그림10] 장애예술인경력정보시스템 기본 정보

기본 정보를 올리고 나면 예술활동증명을 하기 위해 증빙자료를 준비하여 '장애예술인경력정보시스템'에 신청을 할 때 [그림11]과 같은 신청 내역을 올려야 한다.

예술활동증명 방법	공개 발표된 예술활동
작품 발표일(기간)	
작품명	
주최/제작	
신청자 역할	
첨부 파일	작품 증빙자료

[그림11] 장애예술인경력정보시스템 신청 내역

○ 웹 접근성의 기준과 향상 방안

과학 기술이 발달하면서 인간의 삶이 편해지고 있지만 디지털 이주민이 생겨서 적응하는 데 어려움을 겪게 된다. 장애인의 삶도 편리해진 것이 사실이지만 역시 디지털 이주민이 있고, 여전히 처음부터 장애인을 고려하지 않고 기술 개발을 하여 발생한 디지털 장벽이 장애인의 삶에 또 다른 불편을 주고 있다.

시각장애인은 웹페이지에서 이미지를 확인하기 어렵고, 청각장애인은 동영상의 자막 부재로 정보를 이해하기 어렵다. 이것이 디지털 장벽으로 이어지는 것이다.

장애인들이 디지털 서비스를 이용하는데 불편이 없도록 웹 접근성을 증진하기 위해 여러 국제적인 기준들이 제시되어 있다. 그중 가장 대표적인 것이 바로 WCAG(Web Content Accessibility Guidelines)이다. WCAG는 웹사이트의 콘텐츠가 장애인에게 적절한 정보를 제공하고, 보조 기술을 이용하는 데에도 문제가 없도록 하는 기준을 제시하고 있다.

우리나라는 장애인정보접근권 확보를 위해 웹접근성 인증제를 실시하고 있는데 이 기준에 맞게 처음부터 '장애예술인경력정보시스템'을 구축하면 된다.

장애인의 웹 접근성을 향상시키기 위해서는 웹사이트의 디자인과 기능을 장애인을 고려하여 개선하고, 보조기술을 적용하는 등의 구체적인 방안이 필요하다. 그래서 웹 개발자와 디자이너들이 적극적으로 웹 접근성을 고려하여 웹사이트를 제작할 수 있도록 지원해야 한다.

인공지능과 같은 고도의 기술을 잘 활용하면 온라인 사이트에서 장애인이 장애를 느끼지 않고 일처리를 할 수 있다. 예를 들어 시각장애인이 음성으로 AI에게 지시를 하면 AI가 알아서 장애예술인 예술활동증명을 등록할 수 있도록 온라인 시스템 상의 접근성을 지원해 주는 것이다.

그리고 청각장애인은 AI가 한글자막이나 수어통역을 제공해 준다면 장애예술인 예술활동 증명을 등록하는데 문제가 없을 것이다. 이런 날이 머지 않았을 것으로 기대되기에 미리 미리 준비를 해 둘 필요가 있다.

2) 장애예술인 예술활동증명 심의

기존 예술활동증명은 '예술활동증명 운영지침' 제7조(심의위원회의 운영)에 따라 심의위원회를 구성하여 심의를 진행한다.

제7조(심의위원회의 운영) ① 심의위원회는 문화예술 분야별 분과위원회와 분과위원회 위원장들로 구성된 전체위원회로 운영된다.
② 심의위원회는 행정 심의를 재단에 일임하고 행정 심의를 통과한 신청 건에 대해 심의를 진행한다.

'장애예술인 예술활동증명 운영지침'은 위 운영 지침 제7조와 같은 내용으로 제5조(심의위원회의 운영)에 따라 심의위원회를 구성하여 심의를 진행한다.

제5조(심의위원회의 운영)
① 심의위원회는 문화예술 분야별 분과위원회와 분과위원회 위원장들로 구성된 전체위원회로 운영된다.
② 심의위원회는 행정 심의를 대표단체에 일임하고 행정 심의를 통과한 신청 건에 대해 심의를 진행한다.

심의는 제8조(분과위원회)에 따라 구성된 분야별 분과위원회에서 진행하며, 3명의 심의위원이 심의하여 2명 이상이 승인을 하여야 심의를 통과하게 된다.

제8조(분과위원회) ① 분과위원회는 3명 이상의 심의위원으로 성별을 고려하여 구성한다. 단, 전체 위원은 특정 성별이 10분의 6을 초과하지 아니하도록 하여야 한다.
② 분과위원회는 문학, 미술(일반), 미술(디자인/공예), 미술(전통미술), 사진, 건축, 음악(일반), 음악(대중음악), 국악, 무용, 연극, 영화, 연예(방송), 연예(공연), 만화 등 15개로 한다.

'장애예술인 예술활동증명 운영지침'은 위 운영 지침 제8조의 내용을 바탕으로 한 제6조(심의위원회의 운영)에 따라 구성된 분야별 분과위원회에서 진행하며, 3명의 심의위원이 심의하여

2명 이상이 승인을 하여야 심의를 통과하게 되는 것은 동일하나 3명의 심사위원 가운데 1명은 반드시 장애예술인으로 배치한다.

제6조(분과위원회)
① 심의는 원칙적으로 문화예술 분야별 분과위원회에서 진행하며 분과위원회는 3명에서 5명 이내의 심의위원으로 성별 및 장애를 고려하여 구성한다. 단, 심의를 진행하는 3명의 심사위원 가운데 1명은 장애예술인으로 배치한다.
② 분과위원회는 문학, 미술(일반), 미술(디자인/공예), 미술(전통미술), 사진, 건축, 음악(일반), 음악(대중음악), 국악, 무용, 연극, 영화, 연예(방송), 연예(공연), 만화 등을 통합하여 편의에 따라 구성한다.

---

2. 법적 제도 마련

1) 장애예술인지원법 개정

○ 제3조(정의)에 제3조의2(장애예술인 예술활동증명제도)를 신설한다.

① 장애예술인으로 문화예술 분야에서 활동을 증명할 수 있는 사람은 다음 각 호의 어느 하나에 해당하는 사람으로서 세부 기준 등에 따라 창작, 실연, 기술지원 등의 활동을 증명할 수 있는 사람을 말한다.
1. 「저작권법」 제2조제1호 및 제25호에 따라 저작물을 공표한 사람
2. 예술활동으로 얻은 소득이 있는 사람
3. 그 밖에 제1호 및 제2호에 준하는 예술활동 실적이 있는 사람

현　　행	개　정　안
제3조(정의)	제3조의2(장애예술인 예술활동증명제도)
〈신　설〉	① 장애예술인으로 문화예술 분야에서 활동을 증명할 수 있는 사람은 다음 각 호의 어느 하나에 해당하는 사람으로서 세부 기준 등에 따라 창작, 실연, 기술지원 등의 활동을 증명할 수 있는 사람을 말한다. 1. 「저작권법」 제2조제1호 및 제25호에 따라 저작물을 공표한 사람 2. 예술활동으로 얻은 소득이 있는 사람 3. 그 밖에 제1호 및 제2호에 준하는 예술활동 실적이 있는 사람

○ 제8조(실태조사)에 제8조의2(장애예술인 예술활동증명제도) 신설한다.

① 장애예술인으로 문화예술 분야에서 활동을 증명할 수 있는 사람은 다음 각 호의 어느 하나에 해당하는 사람으로서 세부 기준 등에 따라 창작, 실연, 기술지원 등의 활동을 증명할 수 있는 사람을 말한다.

1. 「저작권법」 제2조제1호 및 제25호에 따라 저작물을 공표한 사람

2. 예술활동으로 얻은 소득이 있는 사람

3. 그 밖에 제1호 및 제2호에 준하는 예술활동 실적이 있는 사람

현 행	개 정 안
제8조(실태조사)	제8조의2(장애예술인 예술활동증명제도)
〈신 설〉	① 장애예술인으로 문화예술 분야에서 활동을 증명할 수 있는 사람은 다음 각 호의 어느 하나에 해당하는 사람으로서 세부 기준 등에 따라 창작, 실연, 기술지원 등의 활동을 증명할 수 있는 사람을 말한다. 1. 「저작권법」 제2조제1호 및 제25호에 따라 저작물을 공표한 사람 2. 예술활동으로 얻은 소득이 있는 사람 3. 그 밖에 제1호 및 제2호에 준하는 예술활동 실적이 있는 사람

2) 동(同)법 시행령 개정

○ 제2조(장애예술인의 범위)에 제2조의 2(장애예술인 예술활동증명) 신설한다.

① 「장애예술인지원법」 제3조에서 "대통령령으로 정하는 바[2]에 따라 창작, 실연(實演), 기술지원 등의 활동을 증명할 수 있는 사람"이란 다음 각 호의 어느 하나에 해당하는 사람으로서 규정에 따른 절차 및 세부 기준 등에 따라 창작, 실연, 기술지원 등의 활동을 증명할 수 있는 사람을 말한다.

1. 「저작권법」 제2조제1호 및 제25호에 따른 공표된 저작물이 있는 사람

2. 예술활동으로 얻은 소득이 있는 사람

3 그 밖에 제1호 및 제2호에 준하는 예술활동 실적이 있는 사람

---

2) 1. "장애예술인"이란 다음 각 목의 어느 하나에 해당하는 사람 중 「문화예술진흥법」 제2조제1항제1호에 따른 문화예술활동을 업(業)으로 하는 사람으로서 대통령령으로 정하는 사람을 말한다.

② 예술활동증명을 받으려는 사람은 예술활동증명 신청서에 제1항 각 호의 어느 하나에 해당하는 사람임을 입증할 수 있는 자료를 첨부하여 전담기관에 제출하여야 한다.

③ 전담기관은 제출된 자료를 검토한 후 문화예술 각 분야별 전문가로 구성된 심의위원회의 심의를 거쳐 신청인이 제1항 각 호의 어느 하나에 해당하는 사람인지 여부를 결정하여야 한다.

④ 제1항에 따른 예술활동증명에 관한 세부 기준, 제3항에 따른 심의위원회의 구성·운영, 그 밖에 예술활동증명에 필요한 사항은 문화체육관광부령으로 정한다.

○ 제5조(실태조사의 내용)에 제5조의2(장애예술인의 창작물 우선구매)에 이어 제5조의3(장애예술인 예술활동증명) 신설한다.

① 「장애예술인지원법」 제8조에서 "대통령령으로 정하는 바[3]에 따라 창작, 실연(實演), 기술지원 등의 활동을 증명할 수 있는 사람"이란 다음 각 호의 어느 하나에 해당하는 사람으로서 규정에 따른 절차 및 세부 기준 등에 따라 창작, 실연, 기술지원 등의 활동을 증명할 수 있는 사람을 말한다.

1. 「저작권법」 제2조제1호 및 제25호에 따른 공표된 저작물이 있는 사람
2. 예술활동으로 얻은 소득이 있는 사람
3 그 밖에 제1호 및 제2호에 준하는 예술활동 실적이 있는 사람

② 예술활동증명을 받으려는 사람은 예술활동증명 신청서에 제1항 각 호의 어느 하나에 해당하는 사람임을 입증할 수 있는 자료를 첨부하여 전담기관에 제출하여야 한다.

③ 제출된 자료를 검토한 후 문화예술 각 분야별 전문가로 구성된 심의위원회의 심의를 거쳐 신청인이 제1항 각 호의 어느 하나에 해당하는 사람인지 여부를 결정하여야 한다.

④ 제1항에 따른 예술활동증명에 관한 세부 기준, 제3항에 따른 심의위원회의 구성·운영, 그 밖에 예술활동증명에 필요한 사항은 문화체육관광부령으로 정한다.

---

3) ④ 제1항에 따른 실태조사의 내용, 범위 및 절차 등에 관하여 필요한 사항은 대통령령으로 정한다.

제5장

결론 및 제언

Disabled Arts Research Center

제1절 연구 결과 요약

'장애예술인 예술활동증명제도'는 기존의 예술활동증명제도를 기반으로 하여 장애예술인 현실에 맞게 설계하였는데 장애예술인의 현실을 반영하여 다음과 같은 연구 결과가 도출되었다.

예술활동 기간 단축 및 재심 유예 기간 인정

이미 활동을 하고 있는 장애예술인의 기본 예술활동 기간을 최근 3년 동안으로 하여 보다 많은 장애예술인이 참여하도록 하였고, 신진장애예술인의 예술활동 기간을 최근 1년 동안으로 하여 신진을 발굴하여 육성하는데 목적을 두었다.

유효기간이 지나 재신청을 할 경우 재신청 기간은 예술활동 기간 3년에 유예 기간 2년을 두어 총 5년으로 하고, 20년 이상 예술활동을 한 경우는 재신청을 면제한다. 따라서 원로예술인은 재신청을 하지 않아도 장애예술인증명이 계속 유지된다.

기존 제도에서 원로예술인은 70세 이상으로 하고 있으나 장애예술인은 나이에 따른 활동이 현저하게 줄어들기에 법정 노인 연령인 65세를 원로예술인 나이로 규정하였다.

또한 기존 제도는 18세 이상을 대상으로 하지만 장애예술인 가운데 시각장애의 절대음감이나 자폐성장애의 서번트 신드롬(Savant Syndrome) 즉 천재성은 유년기에 나타나기 때문에 예술활동이 활발하면 예술인으로 승인을 하여 조기에 제도권 안으로 진입해서 보호를 받을 수 있도록 하였다.

등록 간소화

이번 연구 참여자뿐만 아니라 대다수의 장애예술인들은 장애로 인해 또는 예술인의 특성상 행정 업무에 대한 경험 부족으로 생긴 디지털 접근성 문제로 예술활동증명에 많은 어려움을 호소하였다.

그래서 장애예술인 예술활동증명을 위한 '장애예술인경력정보시스템'을 구축할 때 등록 절차를 간소화하여야 한다.

심의 기준 완화

문학의 경우 심의기준에 부합한 문예지 조건을 규정하고 있는데, 장애문인은 발표의 기회가 적기 때문에 심의기준을 완화시켜야 한다. 미술은 학교, 병원, 카페 등에서 열린 전시회를 심의기준 미부합으로 보고, 음악은 축하 공연으로 행사에 출연하는 경우는 역시 심의기준 미부합으로 보고 있다. 그 밖에 다른 장르도 이런 엄격한 규정 때문에 예술활동으로 인정받지 못하는 경우가 많아서 세부 심의 기준을 완화할 필요가 있다.

심사위원에 장애예술인 포함

1명의 신청자를 심의하는데 3명의 심사위원이 참여하여 2명 이상이 승인을 해야 심의를 통과하도록 되어 있는데 3명 가운데 1명은 장애예술인을 포함시켜서 장애예술인의 입장을 고려한 심의를 할 수 있도록 해야 한다.

기존 예술활동증명의 심사위원들도 대부분 예술인 당사자들로 구성되어 있다.

심사보고서 발간

심사보고서를 예술활동 재신청 기간인 5년에 맞춰서 발간하여 장애예술인에게 무엇이 부족하고 어떤 점이 뛰어났는지에 대한 평가가 있어야 장애인예술이 발전하는 계기가 된다. 심사보고서는 장애예술인 예술활동에 대한 자료적인 측면에서도 반드시 필요한 기록이다.

예술활동증명제도는 올해로 시행 10년이 되었는데 꾸준히 개선되면서 예술인 욕구를 반영하였다.

가장 최근인 2023년 1월에 발표된 〈예술인 복지정책 기본계획〉에 효율적이고 공정한 예술활동증명제도로 개선을 추진한다는 내용이 나온다. '

예술활동증명'은 예술인 복지정책 대상자 확인 제도인데, 코로나 이후 신청 급증에 따른 심의 절차 지연으로 복지 지원의 걸림돌이 되고 있다는 지적을 받아왔다. 이에 올해는 유효기간 단일화(3·5년→5년), 20년 이상 예술활동증명 유지 예술인에 대한 재신청 면제 등, 절차 간소화를 추진하고, 중장기적으로는 매번 예술활동의 실적을 예술인이 증명해야 하는 '제한적 증명' 방식에서 본인의 경력을 직접 관리하는 '열린 확인' 방식으로의 전환을 도모하는 '예술활동 확인 제도 도입 단계별 이행안(로드맵)'을 제시했다. 또한, 그간 한국예술인복지재단이 단독으로 수행한 예술활동증명 업무의 분산에 대해서도 지역문화재단 등 관계기관과 협의해 방안을 모색하기로 했다. 이러한 효율화 방안과 더불어 예술인이 아닌 사람의 예술활동증명 발급을 방지하기 위해 행정 심의—분과심의—전체위원회 3중 논의 구조를 통해 공정성을 유지하고, 심의위원 교육을 통해 공정한 기준이 적용될 수 있도록 관리할 계획이다.

장애예술인 예술활동증명제도는 문화체육관광부 차원의 기초연구조차 이루어지지 않아서 민간 차원의 연구로 진행되었지만 본 연구를 진행한 장애인예술연구소는 장애예술인의 욕구를 기반으로 장애인예술정책 연구를 실시하기 때문에 큰 무리 없이 진행될 수 있는 연구 내용이라고 판단된다.

제2절 제언

　'예술활동증명제도 개선방안 연구'(2022)에서 예술활동증명 완료 예술인의 수는 2016년 34,731 명이었으나 이후 매년 약 1만 명 정도씩 늘어나다가 2020년 이후 완료 예술인의 수가 급격히 증가하여 2020년과 2021년에는 각각 약 3만 명이 늘어났으며 2022년 8월 기준 예술활동증명 예술인의 수는 146,098명에 이른다.

　2013년 처음 예술활동증명이 시작됐을 때는 예술인들의 참여가 너무 적어서 예술활동증명 제도의 무용론까지 제기되었으나 코로나19라는 사회적 재해를 겪으면서 복지서비스의 필요 성에 따라 예술활동증명의 역할이 확대되었다.

　'장애예술인 창작물 우선구매제도'가 「장애예술인지원법」 제9조의2에 따라 오는 3월 28일 부터 시행되고, 오는 11월이면 「문화예술진흥법」 제15조2제4항에 따라 장애예술인 공공쿼터 에 준하는 제도로, 대통령령으로 정하는 문화시설은 장애예술인의 공연·전시 등을 정기적 으로 실시하여야 한다. 올해 안에 장애인표준극장이 개관되는 등 장애인예술사업 규모가 점 점 확대되고 있다.

　'장애예술인의 욕구에 기반한 장애예술인지원법 시행방안 연구'(2022)에 의하면 '윤석열 정 부 국정과제 57번째에 장애예술인에 대한 지원이 명시되어 있고, 〈장애예술인지원 기본계 획〉을 시행하는 과정에서 장애예술인이 확대될 전망이다.'고 하였듯이 장애예술인증명제도 시행으로 그동안 드러나지 않았던 재능있는 장애예술인들이 등록을 할 것으로 기대된다.

　장애예술인증명제도의 성공을 위해 다음 세 가지 제안을 하고자 한다.

첫째, 다양한 예술활동 지원이 필요하다.

　장애인등록이 실시된 것은 1987년이었지만 그 당시는 등록률이 저조하였다. 장애인등록 을 하면 자신이 장애인이라는 낙인이 찍힌다는 정체성 차원이었다. 그런데 1996년 김영삼 대 통령 시절 한국이 루스벨트 국제장애인상을 수상하면서 그해 4월 20일 장애인과 그 동반자 의 지하철 요금 면제를 발표하면서 전기, 통신, 기차, 항공 등 공공 영역에서 장애등급별로 30~50% 할인 혜택이 쏟아져 나오자 장애인등록률이 급증하였다.

　장애예술인 예술활동증명도 장애예술인에게 필요한 서비스가 지원되지 않으면 등록의 필요성을 느끼지 못할 것이다. 따라서 연구 참여자들이 제안한 서비스 내용을 포함하여 다양한 장애예술인지원제도가 실시되어야 한다.

〈표17〉 FGI참가자 제안 서비스 내용

	서비스 내용
시각예술	작품 운송비 지원, 개인 집필실 & 작업실 지원, 발표기회 확대, 장애인미술 전문 잡지 발간, 가외소득 인정, 패스카드 할인
공연예술	보장구 지원, 공연의상 지원, 편의시설 장소 정보, 이동수단 제공, 예술활동비 지원, 전문 매니저 지원, 프로필 검색 확대, 패스카드 할인

둘째, 가외소득 인정이 요구된다.

'2020년 장애인실태조사에 의하면 장애인의 19%가 기초생활수급자로 장애인 5명 가운데 1명이 정부 지원으로 생활하고 있다. 이는 장애인 고용 환경조성은 물론 고용 유인 요인이 미흡한 결과로 나타난 것으로 볼 수 있다. 이러한 열악한 고용 현실을 개선하기 위해서는 고용의 양적 확대와 더불어 저임금, 고용불안정성, 열악한 근로환경 등의 장애인 고용의 질적인 문제를 도외시하여서는 안 된다. 장애인이 기초수급자의 사회보장제도에만 머물지 말고 경제활동에 편입되어 보다 양질의 삶과 인간다운 생활을 할 수 있도록 하는 노동정책이 필요한 시점이 되었다(우주형, 2023).

김선규(2023)는 '1인 장애인가구를 기준으로 할 때 월 소득이 기준선(약 63만 원) 이상이 되는 소득이 발생할 경우 수급권자의 자격을 제한하고 있는데 이는 장애인수급권자가 기초적인 생명유지를 위한 생활을 기대할 뿐 그 이상의 발전된 삶을 기대할 수 없는 장벽으로 작용하고 있는 것이 현실이다.'고 지적하듯이 지금의 국민기초보장법에 따른 수급권자의 수입에 대한 조건들을 완화시킬 필요가 있다.

방귀희(2015)는 장애인이 생산적 시민이 될 수 있도록 장애인의 가외소득을 인정해 주어야 한다고 하면서 그 한 예로 미국 역사학자인 폴 롱모어(Paul Longmore)의 사례를 들었다. 그는 1988년대 「조지 워싱턴의 재발견(The invention of George Washington)」이란 책을 출간했는데 그 책이 베스트셀러가 되어 많은 저작권료를 받게 되었다. 그러자 그동안 받던 장애인 복지서비스가 중단되었다. 롱모어는 중증장애인이어서 다양한 지원이 필요한 상태였기에 서비스 중단은 삶 자체를 중지시켜 버렸다. 이에 그는 10년 동안 심혈을 기울여서 집필한 책을 연방정부 앞에 쌓아

놓고 불태우며 외쳤다.

> "정부는 장애인의 열심히 일하고 싶은 근로 의지를 꺾어 무능하게 만든다. 자기 인생의 주체자로서 하고 싶은 일을 하며 생산적으로 살도록 하는 것이 진정한 장애인복지이다!"

롱모어의 노력으로 소득에 상관없이 장애인복지 서비스가 지원되도록 사회보장연금법이 개정되었다. 그 결과 미국의 장애인들은 장애인복지 서비스를 기반으로, 일하면서 얻은 소득으로 세금을 내는 생산적인 시민으로 살아갈 수 있게 되었다.

우리 사회의 변화에 따라 장애인복지도 신개념의 정책으로 바뀌어야 한다. 특히 장애예술인은 수입이 일정하지 않다. 문인은 원고 청탁이 있어야 원고료 수입이 발생하고, 출간한 책이 팔려야 소득이 생긴다. 화가는 작품 매매로 수입을 얻고, 대중예술인들은 출연료가 수입의 전부인데 이런 불확실한 수입을 가외소득으로 인정해 주지 않으면 기초생활수급자 탈락이 염려되어 예술활동을 포기하게 된다.

셋째, 장애인문화예술 전담 부서가 설치되어야 한다.

확대되는 장애예술인 정책을 효과적으로 수행하기 위해 주무 부처인 문화체육관광부에 장애인문화예술과가 있어야 한다.

조직이 있어야 부처 내에서 의견을 조율하며 힘을 발휘할 수 있다. 그래서 몇몇 정부 부처에 장애인 업무를 담당하는 장애인 관련과가 〈표18〉과 같이 설치되어 있다.

〈표18〉 정부 부처 장애인 관련과 설치 현황

조직/부처	보건복지부	고용노동부	교육부	문화체육관광부
상위부서	장애인정책국	통합고용정책국	교육복지돌봄 지원관	체육국
하위부서	장애인정책과 장애인권익지원과 장애인자립기반과 장애인서비스과 장애인건강과	장애인 고용과	특수교육정책과	장애인체육과

정부 부처에 장애인 관련 과가 설치된 것은 관련 법률의 제정으로 업무를 효과적으로 수행하기 위한 발전 과정이었는데 장애인체육과는 장애인체육 관련 독립 법률이 제정되지 않은 상태에서 이루어졌다.

장애인체육의 소관 부처를 장애인복지를 담당하는 보건복지부에서 체육을 관장하는 문체부로 옮겨 달라는 장애인선수들의 요청에 따라 2007년 장애인체육의 주무 부처가 문체부가 되면서 체육국에 장애인체육과가 신설되었다.

그러다 장애예술인의 창작 욕구가 확대됨에 따라 2009년 장애인체육과에 장애인문화예술 업무를 추가하여 장애인문화체육과로 개칭하여 장애인문화예술 지원을 위한 함께누리사업을 실시하였다.

그런데 2012년 장애인문화예술센터 건립이 추진되면서 체육국에 속한 장애인문화체육과에서 그 업무를 수행하는 데 한계가 발생하여, 2013년 장애인문화예술 업무가 체육국에서 예술국으로 이관되어 예술정책과에서 사무관 1명, 주무관 1명이 장애인예술 업무를 담당하게 된 것이 오늘에 이르고 있다.

10년의 세월이 흘렀고, 그때와 비교하면 예산도 10배 이상이 증액되었는데 아직도 2명이 장애인예술 업무를 수행하는 것은 업무의 과부하로 업무가 지연되는 경향이 있으며 2015년 이후 담당자 평균 근무 기간이 16개월에 지나지 않아 담당자가 업무를 파악하는데 많은 시간이 소요되기에 장애인예술 업무가 효율적으로 운영되고 있다고 볼 수 없다.

하여 문화체육관광부 체육국에 장애인체육과가 있듯, 예술국에 장애인문화예술과가 신설되어야 장애인문화예술 업무가 안정적으로 시행될 수 있다. 장애인문화예술과 설치에 앞서 5명 정도의 규모로 장애인문화예술팀을 조속히 설치할 것을 제안한다.

부록

1. 장애예술인 예술활동증명 운영지침

제1장 총칙

제1조(목적)

이 지침은 「예술활동증명에 관한 세부 기준」을 보다 명확히 규정함으로써 예술인 복지 지원이라는 법 제정의 취지가 실현되도록 하는 데 그 목적이 있다.

제2조(기본원칙)

① 법상 예술인은 전문적인 예술활동을 하는 사람을 말하며, 전문적이란 상당한 지식과 경험 및 수준을 전제로 하고 취미나 여가 활동의 일환이 아니라는 뜻이다.

② 법상 예술인은 자신을 예술인으로 인식하는 정체성이 분명하여야 하며, 객관적으로 드러나는 활동 경력이 예술인으로 인정받기에 충분하여야 한다.

③ 문화예술의 범위를 한정할 수는 없으므로 법상 규정된 분류에 맞지 않더라도 예술활동임이 분명할 경우 심의를 통하여 인정받을 수 있어야 한다.

④ 법상 예술인은 원칙적으로 대한민국의 국적을 보유한 사람으로 한정되나 국내에 체류하고 있는 외국인 중 예외를 둔다.

제2장 신청

제3조(신청방법)

예술활동증명 신청방법에는 개별 신청을 원칙으로 한다.

제3장 심의위원회

제4조(심의방법)

예술활동증명의 심의방법은 행정 심의와 심의위원회를 통한 심의, 두 가지로 구분한다.

1. 행정 심의는 「예술활동증명에 관한 세부 기준」에 따라 제출된 서류 검토 및 실적 또는 소득 기준 부합 여부를 결정한다.

2. 심의위원회를 통한 심의는 제1호에 따라 부합된 자료에 대해 확인하고 최종적으로 완료 여부를 결정한다.

제5조(심의위원회의 운영)

① 심의위원회는 문화예술 분야별 분과위원회와 분과위원회 위원장들로 구성된 전체위원회로 운영된다.

② 심의위원회는 행정 심의를 대표단체에 일임하고 행정 심의를 통과한 신청 건에 대해 심의를 진행한다.

제6조(분과위원회)

① 심의는 원칙적으로 문화예술 분야별 분과위원회에서 진행하며 분과위원회는 3명에서 5명 이내의 심의위원으로 성별 및 장애를 고려하여 구성한다. 단, 심의를 진행하는 3명의 심사위원 가운데 1명은 장애예술인으로 배치한다.

② 분과위원회는 문학, 미술(일반), 미술(디자인/공예), 미술(전통미술), 사진, 건축, 음악(일반), 음악(대중음악), 국악, 무용, 연극, 영화, 연예(방송), 연예(공연), 만화 등을 통합하여 편의에 따라 구성한다.

제7조(전체위원회)

전체위원회는 분과위원회에서 결정하기 어려운 사항, 심의위원회의 운영과 관련한 사항 등에 대하여 논의하기 위하여 연 1회 개최한다. 단, 긴급한 논의가 필요한 경우 추가적으로 개최할 수 있다.

제4장 인정기준

제8조(예술활동의 범위)

예술활동은 국내와 해외에서의 예술활동을 모두 포함한다.

제9조(예술활동의 기준)

어느 분야의 기준을 적용할지는 작품을 근거로 정하는 것을 원칙으로 한다.

제10조(기준 기간의 산정)

① '1년'이란 매년 1월 1일부터 12월 31일까지를 말한다.

② 기준 기간이 산정되는 시점은 저작물의 첫 공표일자로 한다. 단, 출연, 기술지원 인력 또는 기획 인력 중 저작물 공표 현장에의 지속적인 참여가 필수적인 인력의 경우 최종 공표일자를 기준으로 유효기간을 산정할 수 있다.

③ '최근'은 전년도를 기준으로 산정한다.

제11조(기준 실적의 산정)

① '1편' 또는 '1곡'이란 독립된 작품을 말한다.

② '1권'이란 독립된 서적으로 원칙적으로 국제표준자료번호(ISBN/ISSN)를 부여받은 경우에 한한다. 단, 문학 분야 연속출판물의 경우 각각을 1권의 문학 작품집으로 본다.

③ '1장'이란 최소 3곡 이상의 악곡이 포함된 음반을 말하며 '음반'은 디지털 음원을 포함한다.

④ '1회'란 전시의 경우 일정한 기간 안에 이루어진 동일한 내용의 전시를 말한다.

⑤ 동일명칭의 공연이라도 최소 6개월의 시차가 있을 경우 다른 작품으로 볼 수 있다.

⑥ 연극의 경우 동일한 작품이라도 12주 이상 연속하여 총 36회 이상 출연하면 "3년 동안 3편"의 하한 기준을 충족한 것으로 보고, 8주 이상 연속하여 총 24회 이상 출연하면 "3년 동안 2편"의 실적으로 인정한다.

⑦ 연예 분야 가목의 경우 16회 이상 고정 출연하면 "3년 동안 3편 이상"의 하한 기준을 충족한 것으로 본다.

⑧ 공동 창작의 경우 N분의 1 배점을 원칙으로 하며 주와 부는 인정하지 않는다.

⑨ '주의' 이상의 위기경보를 발령하여 예정된 발표, 전시, 공연 등의 예술활동이 취소되었다고 인정되는 경우 또는 온라인으로 전환되었다고 인정되는 경우, 해당 예술활동은 기준 실적 산정 범위 내에 포함한다. 단, 예술인은 재난으로 인하여 예술활동이 취소되었다는 사실 및 해당 예술활동에 참여하기로 하였다는 사실을 입증할 수 있는 계약서 등 증빙서류를 반드시 제출하여야 한다.

제12조(발표 매체의 기준)

① '문예지 등', '관련 잡지 등'이란 서적, 웹진 등으로 서적의 경우 원칙적으로 국제표준도서번호(ISBN)를 부여받은 경우에 한한다.

② '관련 매체'란 '관련 잡지 등'을 포함하여 과학 기술의 발달과 함께 나타나는 첨단 매체들을 폭넓게 포함한다. 다만 블로그 등의 개인매체는 인정하지 않는다.

제13조(기술지원 인력 또는 기획 인력의 기준)

① '기술지원 인력 또는 기획 인력'이란 '스태프(제작진)'에 해당하는 사람으로서, 창조력과 숙련도를 전제로 하며 행위의 결과가 저작물의 일부로 포함되거나 저작물 공표에 반영되어 의미 표출에 상당한 정도로 기여하는 경우를 망라한다.

② 기술지원 인력의 활동 분야는 전시(미술, 사진, 건축, 만화), 공연(음악, 국악, 무용, 연극, 연예), 영상(영화, 연예), 만화 제작 분야 등으로 나눌 수 있다.

③ 미술, 사진, 건축 분야 전시 기획 인력 중 '예술감독 등 기획자'란 전시를 주도적으로 총괄, 기획하는 사람으로서 일반 기획 인력과 구분한다.

제14조(문학 분야 인정기준)

① '문학'은 사상이나 감정을 언어로 표현한 예술 또는 그런 작품을 뜻한다.

② 문학 분야 범주로는 시(동시), 시조, 소설(동화, 청소년), 희곡, 수필, 평론, 평전 등이 있으며 대표적인 직종으로는 창작, 번역 등이 있다.

③ 아동문학(동시, 동화)과 청소년문학의 경우 등단 여부(신춘문예, 각종 문예지 신인상, 각종 아동문학상)와 순수 창작 저술 활동(출판, 발표)이 주가 되고 교양·교육도서의 저술 활동이 그에 못 미치는 경우에 해당하는지 여부를 살펴 결정하되, 교양·교육도서 기획출판 중에도 작가의 창의성이 포함된 도서는 순수 창작 활동으로 본다.(위인전, 명작 재구성, 학습도서는 제외한다)

④ '문예지 등'은 월간·계간·반연간 종합 문예지 및 장르별 문예지 등을 말한다.

⑤ 공동 문학 작품집은 문예지 등에 준하는 것으로 간주한다.

제15조(미술, 사진 인정기준)

① '미술'은 공간 및 시각의 미를 표현하는 예술로 공간 예술, 조형 예술 등으로 부르기도 한다.

② 미술 분야 범주로는 그림, 판화, 조각, 공예, 서예, 디자인, 미디어아트, 설치미술, 프랙탈 아트, 행위예술 등의 세부 장르와 미술비평이 있으며, 대표적인 직종으로는 창작, 비평, 기술지원(조명, 음향, 장치, 도구 등), 기획 등이 있다.

③ 공공미술은 전시회에 준하는 것으로 간주한다.

④ '사진'은 빛의 작용으로 사물의 형상을 감광판(필름, 센서)에 각인시켜 보존하는 이미지를 뜻하며, 널리 사실의 기록과 증명의 수단으로 쓰일 뿐만 아니라 시각 커뮤니케이션의 영역에서도 폭넓게 활용되는 한편 사진가의 생각과 감성을 표현하는 창작수단이기도 하다.

제16조(음악, 국악 분야 인정기준)

① '음악'은 박자, 가락, 음성 따위를 갖가지 형식으로 조화하고 결합하여 목소리나 악기를 통하여 사상 또는 감정을 나타내는 예술이며, '국악'은 우리나라 고유의 음악으로 서양 음악에 상대하여 우리의 전통 음악을 이르는 말이다.

② 음악, 국악 분야 범주로는 성악과 기악이 각각 또는 함께 이루는 여러 세부 장르들과 음악 비평이 있으며, 대표적인 직종으로는 가창, 연주, 지휘, 작사, 작곡, 편곡, 비평, 기술지원, 기획 등이 있다.

③ 음악은 고전음악, 현대음악, 퓨전음악, 대중음악, 동요 등을 포함하며, 오페라는 연극 중 음악극의 한 종류로 간주할 수도 있다.

④ 국악은 전통연희, 전통무용 등과 융합 공연되는 경우가 많은데 전통연희나 전통무용은 연극, 무용 분야와 병합 가능하며, 창극(국극)의 경우 연극 중 음악극의 한 종류로 간주할 수도 있다.

⑤ 오페라, 창극(국극)의 연출은 음악, 국악 공연의 일반 기술지원 인력과 달리 연극 분야의 연출과 동일한 직종으로 본다.

⑥ 대중음악의 경우 재즈클럽, 라이브 카페 등 다양한 장소에서의 공연이 가능한데 일반음식점으로 분

류된 경우는 인정하나 유흥업소로 분류된 스탠드바, 밤무대 공연 등은 원칙적으로 인정하지 않는다.

제17조(무용 분야 인정기준)
① '무용'은 음악에 맞추어 율동적인 동작으로 감정과 의지를 표현하는 예술이다.
② 무용 분야 범주로는 한국무용(전통, 창작), 발레(전통, 창작), 현대무용, 실용무용 등의 세부 장르와 무용 비평이 있으며, 대표적인 직종으로는 연기, 안무, 비평, 기술지원, 기획 등이 있다.

제18조(연극 분야 인정기준)
① '연극'은 배우가 각본에 따라 어떤 사건이나 인물을 말과 동작으로 관객에게 보여 주는 무대 예술이다.
② 연극 분야 범주로는 대사극, 음악극(오페라, 창극(국극), 뮤지컬), 무용극, 마당극, 거리극, 마임, 행위예술, 전통연희(판소리, 가면극, 인형극, 그림자극), 아동 · 청소년극, 교육연극 등의 세부 장르와 연극 비평이 있으며, 대표적인 직종으로는 연기, 연출, 극작, 비평, 기술지원, 기획 등이 있다.

제19조(영화 분야 인정기준)
① '영화'는 연속적인 영상이 필름 또는 디스크 등의 디지털 매체에 담긴 저작물로서 영화상영관 등의 장소 또는 시설에서 공중(公衆)에게 관람하게 할 목적으로 제작한 것을 말한다.
② 영화 분야 범주로는 극영화, 다큐멘터리 영화, 애니메이션 영화 등의 세부 장르와 영화비평이 있으며, 대표적인 직종으로는 연기, 연출, 시나리오, 비평, 기술지원, 기획 등이 있다.

제20조(연예 분야 인정기준)
① '연예'는 대중적인 연기, 노래, 춤, 만담, 마술, 곡예 따위를 관중 앞에서 공연하는 것을 뜻한다.
② 연예 분야 범주로는 드라마, 예능 · 교양 프로그램, 패션쇼, 광고, 만담, 마술, 곡예 등의 세부 장르와 대중문화 비평이 있으며, 대표적인 직종으로 연기, 연출(방송), 진행, 방송 대본, 대중문화 비평, 영상 기술지원, 공연 기술지원, 기획 등이 있다.

제21조(만화 분야 인정기준)
① '만화'는 하나 또는 둘 이상의 구획된 공간에 실물 또는 상상의 세계를 가공하여 그림 또는 그림 및 문자를 통하여 표현한 저작물로서 종이 등 유형물에 그려지거나 디스크, 인터넷 등 디지털매체에 담긴 것으로 관련 매체에 공표된 창작물을 말한다.
② 만화 분야 범주로는 캐리커처, 카툰, 스토리만화(교양만화, 학습만화, 홍보만화 등) 등의 세부 장르와 만화 비평이 있으며, 대표적인 직종으로는 창작, 비평, 제작 기술지원(스토리, 콘티, 펜터치, 데생, 컬러작업, 배경, 효과, 편집 등), 전시 기술지원, 기획 등이 있다.

제22조(소득 기준)

보조금 및 기부금은 해당 예술활동의 완료를 전제로 소득으로 볼 수 있으며 예술인 개인에게 귀속된 액수에 한하여 인정된다.

제23조(원로 예술인 인정기준)

① '원로 예술인'이란 오랜 기간 전문적인 예술활동을 한 만 65세 이상의 사람을 말한다.

② 심의위원회는 활동 기간, 경력(언론보도 내용, 수상 실적, 주요 행사 초청 경력, 문화예술 관련 공적, 기타 문화예술 관련 공인된 활동 등) 등을 근거로 원로 예술인으로 인정할 수 있다.

③ 원로 예술인으로 인정받을 경우 예술활동증명은 종신토록 유효하다.

제24조(경력단절 예술인 인정기준)

① '경력단절 예술인'이란 전문적인 예술활동을 시작한 이후 기준 기간 이상이 지났으나 질병 등 불가피한 사정으로 기준 기간 내 하한 기준 실적을 충족하지 못하는 사람을 말하며, 경력단절에 대해 증빙자료를 제출하거나, 증빙이 어려운 경우 경력단절 사유를 직접 기술하여 예술활동증명을 신청할 수 있다.

② 심의위원회는 제출된 증빙자료 또는 기술된 경력단절의 사유가 타당한 것으로 판단될 경우 경력단절의 기간을 산정하여야 한다.

③ 심의위원회는 경력단절의 사유가 아직 해소되지 않았을 경우 경력단절 이전 활동에 대하여 예술활동증명 기준을 적용하여야 하며, 경력단절의 사유가 이미 해소된 경우 경력단절 이전과 이후의 실적을 합하여 같은 기준을 적용하여야 한다.

④ 경력단절 기간에 대해서는 예술활동증명 유효기간 산정을 하지 않는다.

제5장 효력

제25조(유효기간 만료에 따른 재신청)

예술활동증명을 받은 사람은 유효기간 만료일 6개월 전부터 자격 유지를 위한 재신청 절차를 밟을 수 있으며, 유효기간 만료일까지 재신청을 완료하지 않을 경우 예술활동증명의 효력은 상실된다.

제26조(허위자료 제출 시 효력)

자료를 거짓으로 제출한 사람의 예술활동증명은 무효이며 이 경우 일정 기간 동안 재단 사업 참여에 제한을 받을 수 있다.

부칙

이 예규는 발령한 날부터 시행한다.

2. 예술활동증명 운영지침

제 정 2014. 12. 19. 문화체육관광부 예규 제34호
개 정 2015. 5. 28. 문화체육관광부 예규 제37호
개 정 2017. 3. 16. 문화체육관광부 예규 제42호
개 정 2019. 12. 23. 문화체육관광부 예규 제55호
개 정 2020. 3. 3. 문화체육관광부 예규 제56호
개 정 2021. 3. 3. 문화체육관광부 예규 제69호

제1장 총칙

제1조(목적)

이 지침은 「예술인 복지법」(이하 "법"이라 한다) 제2조제2호에서 규정하고 있는 "예술인"의 인정에 필요한 기본원칙을 설정하고 같은 법 시행령(이하 "시행령"이라 한다) 제2조제4항에 따른 "심의위원회"의 운영에 관한 사항을 정하는 한편, 같은 법 시행규칙(이하 "시행규칙"이라 한다) 제2조 [별표1]에서 규정하고 있는 「예술활동증명에 관한 세부 기준」을 보다 명확히 규정함으로써 예술인 복지 지원이라는 법 제정의 취지가 실현되도록 하는 데 그 목적이 있다.

제2조(기본원칙)

① 법상 예술인은 전문적인 예술활동을 하는 사람을 말하며, 전문적이란 상당한 지식과 경험 및 수준을 전제로 하고 취미나 여가 활동의 일환이 아니라는 뜻이다.

② 법상 예술인은 자신을 예술인으로 인식하는 정체성이 분명하여야 하며, 객관적으로 드러나는 활동 경력이 예술인으로 인정받기에 충분하여야 한다.

③ 문화예술의 범위를 한정할 수는 없으므로 법상 규정된 분류에 맞지 않더라도 예술활동임이 분명할 경우 심의를 통하여 인정받을 수 있어야 한다.

④ 법상 예술인은 원칙적으로 대한민국의 국적을 보유한 사람으로 한정되나 국내에 체류하고 있는 외국인 중 다음 각 호에 해당하는 경우는 예외로 한다.

1. 대한민국 국민과 혼인 중인 사람

2. 대한민국 국민인 배우자와 이혼하거나 그 배우자가 사망한 사람으로서 대한민국 국적을 가진 직계존비속을 돌보고 있는 사람

3. 「난민법」 제2조제2호에 따른 난민으로 인정된 사람

4. 「재외동포의 출입국과 법적 지위에 관한 법률」 제5조에 따른 재외동포체류자격을 부여받은 외국국적 동포

5. 「출입국관리법」 제10조의3에 따른 영주자격을 가지고 있는 사람

제2장 신청

제3조(신청방법)

예술활동증명 신청방법에는 개별 신청과 문화예술 분야별 협회 및 단체(이하 "협·단체"라 한다)를 통한 신청이 있다.

제4조(협력 협·단체의 지정)

① 심의위원회는 문화예술 분야별 협·단체 중 엄격한 회원관리(가입 조건, 자격 심사 등)를 전제로 다음의 각 호의 하나에 해당하는 경우 협력 협·단체로 지정할 수 있다.

1. 법인격의 전문예술(인) 협·단체

2. 해당 문화예술 분야 예술인 다수가 소속된 협·단체

3. 지방자치단체가 조례에 의해 설립한 문화예술기관

② 한국예술인복지재단(이하 "재단"이라 한다)은 협력 협·단체에 대해 표본 검증, 민원 발생 시 검증 등 신뢰도 확인을 통해 협력 지속 여부를 결정하되, 최초 3년은 매년 협약을 갱신하며, 3년 연속 협약을 맺었을 경우 이후로는 3년 주기로 협약을 갱신한다.

③ 협력 협·단체 지정 및 운영에 관한 사항은 재단이 정한다.

제5조(협력 협·단체를 통한 신청절차)

① 협력 협·단체는 신청을 희망하는 소속 회원의 경력을 시행규칙 별표 및 동 지침의 기준에 따라 사전 검증한 뒤 이상이 없을 경우 신청서와 증빙자료를 재단에 제출한다.

② 재단은 심의위원회의 심의를 통해 승인을 받은 후에라도 민원이 발생하면 다시 점검하고 그 결과 이상이 발견되면 재심의를 요청하여야 한다.

제3장 심의위원회

제6조(심의방법)

예술활동증명의 심의방법은 행정 심의와 심의위원회를 통한 심의, 두 가지로 구분한다.

1. 행정 심의는 시행규칙 제2조 [별표1]에서 규정하고 있는 「예술활동증명에 관한 세부 기준」에 따라 제출된 서류 검토 및 실적 또는 소득 기준 부합여부를 결정한다.

2. 심의위원회를 통한 심의는 제1호에 따라 부합된 자료에 대해 확인하고 최종적으로 완료 여부를 결정한다.

제7조(심의위원회의 운영)

① 심의위원회는 문화예술 분야별 분과위원회와 분과위원회 위원장들로 구성된 전체위원회로 운영된다.

② 심의위원회는 행정 심의를 재단에 일임하고 행정 심의를 통과한 신청 건에 대해 심의를 진행한다.

제8조(분과위원회)
① 심의는 원칙적으로 문화예술 분야별 분과위원회에서 진행하며 분과위원회는 3명에서 10명 이내의 심의위원으로 성별을 고려하여 구성한다. 단, 전체 위원은 특정 성별이 10분의 6을 초과하지 아니하도록 하여야 한다.
② 분과위원회는 문학, 미술(일반), 미술(디자인/공예), 미술(전통미술), 사진, 건축, 음악(일반), 음악(대중음악), 국악, 무용, 연극, 영화, 연예(방송), 연예(공연), 만화 등 15개로 한다.

제9조(전체위원회)
전체위원회는 분과위원회에서 결정하기 어려운 사항, 심의위원회의 운영과 관련한 사항 등에 대하여 논의하기 위하여 연 1회 개최한다. 단, 긴급한 논의가 필요한 경우 추가적으로 개최할 수 있다.

제10조(복합 심의 등)
① 예술활동 실적이 여러 문화예술 분야에 걸쳐 있어 복합 심의가 필요한 경우 복수 분과위원회의 심의위원으로 구성된 별도의 심의위원회에서 심의하여야 한다.
② 신청자의 직업이 속하는 분야와 작품이 속하는 분야가 다를 경우 복수 분과위원회의 심의위원으로 구성된 별도의 심의위원회에서 심의하여야 한다.
③ 해당 분야가 어느 분야에 속하는지가 불확실하거나 기존 문화예술 분야로 분류하기 어려운 경우 가장 근접한 분야에서 심의하는 것을 원칙으로 한다.
④ 제3항의 경우 복수 분과위원회의 심의위원으로 구성된 별도의 심의위원회에서 심의하거나 해당 분야에 전문성이 있는 전문가를 특별 심의위원으로 위촉하여 심의에 참여시킬 수 있다.
⑤ 제30조, 제31조 및 제32조에 따른 특례의 경우 신속한 심의를 위해 해당 분과위원회의 심의위원 1인과 재단 직원 1인으로 구성된 별도의 심의위원회에서 심의할 수 있다.

제4장 인정기준
제11조(예술활동의 범위)
예술활동은 국내와 해외에서의 예술활동을 모두 포함한다.

제12조(예술활동의 기준)
어느 분야의 기준을 적용할지는 작품을 근거로 정하는 것을 원칙으로 한다.
(예를 들어, 무용수가 연극 공연에 출연했을 경우 연극 분야 기준을, 악기 연주자가 무용 공연에 출

연했을 경우 무용 분야 기준을 적용한다. 또한 주로 연극계에서 활동하며 장치, 조명, 분장, 의상 등을 담당하는 무대미술 디자이너들이 자신의 작업 부분만을 모아 개인전을 열었을 경우 연극 분야 기준에는 전시회가 없으므로 미술 분야 기준을 적용한다.)

제13조(기준 기간의 산정)
① '1년'이란 매년 1월 1일부터 12월 31일까지를 말한다.(예를 들어, 기준 기간이 5년으로 되어 있는 문학에서 2010년 5월 5일로 기록된 저작물의 경우 유효 기간은 2015년 12월 31일까지이다)
② 기준 기간이 산정되는 시점은 저작물의 첫 공표일자로 한다. 단, 출연, 기술지원 인력 또는 기획 인력 중 저작물 공표 현장에의 지속적인 참여가 필수적인 인력의 경우 최종 공표일자를 기준으로 유효기간을 산정할 수 있다.
③ '최근'은 전년도를 기준으로 산정한다.(예를 들어, 기준 기간이 5년인 미술의 경우 예술활동증명 신청일자가 2014년 7월 1일이라면 '최근 5년'은 2009년 1월 1일부터 현재까지로 한다.)

제14조(기준 실적의 산정)
① '1편' 또는 '1곡'이란 독립된 작품을 말한다.
② '1권'이란 독립된 서적으로 원칙적으로 국제표준자료번호(ISBN/ISSN)를 부여받은 경우에 한한다. 단, 문학 분야 연속출판물의 경우 각각을 1권의 문학 작품집으로 본다.
③ '1장'이란 최소 3곡 이상의 악곡이 포함된 음반을 말하며 '음반'은 디지털 음원을 포함한다.
④ '1회'란 전시의 경우 일정한 기간 안에 이루어진 동일한 내용의 전시를 말한다.
⑤ 동일명칭의 공연이라도 최소 6개월의 시차가 있을 경우 다른 작품으로 볼 수 있다.
⑥ 연극의 경우 동일한 작품이라도 12주 이상 연속하여 총 36회 이상 출연하면 "3년 동안 3편"의 하한 기준을 충족한 것으로 보고, 8주 이상 연속하여 총 24회 이상 출연하면 "3년 동안 2편"의 실적으로 인정한다.
⑦ 연예 분야 가목의 경우 16회 이상 고정 출연하면 "3년 동안 3편 이상"의 하한 기준을 충족한 것으로 본다.
⑧ 공동 창작의 경우 N분의 1 배점을 원칙으로 하며 주와 부는 인정하지 않는다.
⑨ 재난 및 안전관리기본법 제3조 제1호에 따른 '재난' 또는 제3조 제5의2호에 따른 재난관리주관기관이 제38조에 따라 '주의' 이상의 위기경보를 발령하여 예정된 발표, 전시, 공연 등의 예술활동이 취소되었다고 인정되는 경우 또는 온라인으로 전환되었다고 인정되는 경우, 해당 예술활동은 기준 실적 산정 범위 내에 포함한다. 단, 예술인은 재난으로 인하여 예술활동이 취소되었다는 사실 및 해당 예술활동에 참여하기로 하였다는 사실을 입증할 수 있는 계약서 등 증빙서류를 반드시 제출하여야 한다.
⑩ 국가 및 지방자치단체, 「공공기관의 운영에 관한 법률」 제4조에서 정한 공공기관, 지방자치단체

가 조례에 의해 설립한 문화예술기관이 지원하는 비대면 예술활동에 참여하였다고 인정되는 경우, 또는 비대면 예술활동에 대한 서면계약을 체결하고 예술활동으로 인한 소득이 발생한 경우 해당 예술활동은 기준 실적 산정 범위 내에 포함한다. 단, 예술인은 선정 내역, 참여 확인서, 예술활동 내역 등 증빙서류를 반드시 제출하여야 한다.

제15조(발표 매체의 기준)
① '문예지 등', '관련 잡지 등'이란 서적, 웹진 등으로 서적의 경우 원칙적으로 국제표준도서번호(ISBN)를 부여받은 경우에 한한다.
② '관련 매체'란 '관련 잡지 등'을 포함하여 과학 기술의 발달과 함께 나타나는 첨단 매체들을 폭넓게 포함한다. 다만 블로그 등의 개인매체는 인정하지 않는다.

제16조(기술지원 인력 또는 기획 인력의 기준)
① '기술지원 인력 또는 기획 인력'이란 '스태프(제작진)'에 해당하는 사람으로서, 창조력과 숙련도를 전제로 하며 행위의 결과가 저작물의 일부로 포함되거나 저작물 공표에 반영되어 의미 표출에 상당한 정도로 기여하는 경우를 망라한다.
② '상당한 정도'란 그것을 제외할 경우 작품에 적지 않은 손상이 갈 수 있고 또한 쉬운 대체가 불가능하다는 뜻으로 해석할 수 있다. 단, 지시에 의한 단순 제작이나 단순 운반, 단순 조작, 단순 진행, 행정지원 등 분명 필요하지만 창조력 발휘나 예술적 기여의 정도가 미미한 경우는 제외한다.
③ '스태프(제작진)'란 원래 연극, 영화, 방송 등에서 실연자 외에 제작에 관계하는 모든 사람을 뜻하나 그 범위를 모든 공연, 영상, 전시 분야까지 확대하여 공연, 영상 분야의 실연자와 미술, 사진, 건축, 만화 분야의 창작자를 제외한 참여자를 포함하는 것으로 볼 수 있다.
④ 스태프 중 별표에 별도로 기준이 명시된 경우는 각 분야별 '기술지원 인력 또는 기획 인력'의 기준을 적용하지 않는다.
⑤ 기술지원 인력의 활동 분야는 전시(미술, 사진, 건축, 만화), 공연(음악, 국악, 무용, 연극, 연예), 영상(영화, 연예), 만화 제작 분야 등으로 나눌 수 있다.
⑥ 미술, 사진, 건축 분야 전시 기획 인력 중 '예술감독 등 기획자'란 전시를 주도적으로 총괄, 기획하는 사람으로서 일반 기획 인력과 구분한다.

제17조(문학 분야 인정기준)
① '문학'은 사상이나 감정을 언어로 표현한 예술 또는 그런 작품을 뜻한다.
② 문학 분야 범주로는 시(동시), 시조, 소설(동화, 청소년), 희곡, 수필, 평론, 평전 등이 있으며 대표적인 직종으로는 창작, 번역 등이 있다.
③ 아동문학(동시, 동화)과 청소년문학의 경우 등단 여부(신춘문예, 각종 문예지 신인상, 각종 아동

문학상)와 순수 창작 저술 활동(출판, 발표)이 주가 되고 교양 · 교육도서의 저술 활동이 그에 못 미치는 경우에 해당하는지 여부를 살펴 결정하되, 교양 · 교육도서 기획출판 중에도 작가의 창의성이 포함된 도서는 순수 창작 활동으로 본다.(위인전, 명작 재구성, 학습도서는 제외한다)

④ '문예지 등'은 3년 이상 결호 없이 발간된 문학 월간지 또는 5년 이상 결호 없이 발간된 격월간 · 계간 · 반연간 종합 문예지 및 장르별 문예지, 3년 이상 된 일간지 및 30년 이상 된 문학전문 주간지, 지속적 · 주기적으로 문학 작품을 게재하는 3년 이상 결호 없이 발간된 월간지 또는 5년 이상 결호 없이 발간된 격월간 · 계간 · 반연간 잡지 등을 말한다.

⑤ 공동 문학 작품집은 문예지 등에 준하는 것으로 간주한다.

제18조(미술, 사진, 건축 분야 인정기준)

① '미술'은 공간 및 시각의 미를 표현하는 예술로 공간 예술, 조형 예술 등으로 부르기도 하며, '응용미술'은 실제적인 효용에 목적을 둔 미술로 도안, 장식 따위가 있다.

② 미술 분야 범주로는 그림, 판화, 조각, 공예, 서예, 디자인, 미디어아트, 설치미술, 프랙탈 아트, 행위예술 등의 세부 장르와 미술비평이 있으며, 대표적인 직종으로는 창작, 비평, 기술지원(조명, 음향, 장치, 도구 등), 기획 등이 있다.

③ 공공미술은 전시회에 준하는 것으로 간주한다.

④ '사진'은 빛의 작용으로 사물의 형상을 감광판(필름, 센서)에 각인시켜 보존하는 이미지를 뜻하며, 널리 사실의 기록과 증명의 수단으로 쓰일 뿐만 아니라 시각 커뮤니케이션의 영역에서도 폭넓게 활용되는 한편 사진가의 생각과 감성을 표현하는 창작수단이기도 하다.

⑤ 사진 분야의 대표적인 직종으로는 창작, 비평, 기술지원(조명, 음향, 장치, 도구 등), 기획 등이 있다.

⑥ '건축'은 한 사회에서 필요로 하는 실제적인 요구와 표현 욕구를 충족시키는 건물을 설계하고 짓는 예술 또는 그 기술을 뜻한다.

⑦ 건축 분야의 대표적인 직종으로는 창작(또는 설계), 비평, 기술지원(조명, 음향, 장치, 도구 등), 기획 등이 있다.

⑧ 건축의 경우 원칙적으로 설계는 예술활동으로 인정하고 시공은 인정하지 않는다. 단, 전통건축의 경우 설계와 시공을 구분하지 않고 예술활동으로 인정할 수 있다.

제19조(음악, 국악 분야 인정기준)

① '음악'은 박자, 가락, 음성 따위를 갖가지 형식으로 조화하고 결합하여 목소리나 악기를 통하여 사상 또는 감정을 나타내는 예술이며, '국악'은 우리나라 고유의 음악으로 서양 음악에 상대하여 우리의 전통 음악을 이르는 말이다.

② 음악, 국악 분야 범주로는 성악과 기악이 각각 또는 함께 이루는 여러 세부 장르들과 음악 비평

이 있으며, 대표적인 직종으로는 가창, 연주, 지휘, 작사, 작곡, 편곡, 비평, 기술지원(연출, 안무, 조연출, 조안무, 프로듀서, 예술감독, 드라마트루그, 무대감독, 장치, 조명, 음향, 도구, 분장, 의상, 영상, 사진, 연기지도, 대사지도, 안무지도, 동작지도, 무술지도, 대본 창작, 작창, 각색, 번역, 번안, 윤색, 재구성, 녹음, 믹싱, 마스터링 등), 기획 등이 있다. ③ 음악은 고전음악, 현대음악, 퓨전음악, 대중음악, 동요 등을 포함하며, 오페라는 연극 중 음악극의 한 종류로 간주할 수도 있다.

④ 국악은 전통연희, 전통무용 등과 융합 공연되는 경우가 많은데 전통연희나 전통무용은 연극, 무용 분야와 병합 가능하며, 창극(국극)의 경우 연극 중 음악극의 한 종류로 간주할 수도 있다.

⑤ 오페라, 창극(국극)의 연출은 음악, 국악 공연의 일반 기술지원 인력과 달리 연극 분야의 연출과 동일한 직종으로 본다.

⑥ 대중음악의 경우 재즈클럽, 라이브 카페 등 다양한 장소에서의 공연이 가능한데 일반음식점으로 분류된 경우는 인정하나 유흥업소로 분류된 스탠드바, 밤무대 공연 등은 원칙적으로 인정하지 않는다.

⑦ 경연대회(콩쿠르), 봉사활동, 축제, 행사 등의 일환으로 이루어지는 공연은 원칙적으로 인정하지 않는다.

⑧ 길거리 밴드나 직장 동아리 밴드의 활동은 원칙적으로 인정하지 않는다.

⑨ 반주 음악(MR)은 1곡으로 인정하지 않는다.

제20조(무용 분야 인정기준)

① '무용'은 음악에 맞추어 율동적인 동작으로 감정과 의지를 표현하는 예술이다.

② 무용 분야 범주로는 한국무용(전통, 창작), 발레(전통, 창작), 현대무용, 실용무용 등의 세부 장르와 무용 비평이 있으며, 대표적인 직종으로는 연기, 안무, 비평, 기술지원(연출, 조연출, 조안무, 프로듀서, 예술감독, 드라마트루그, 무대감독, 장치, 조명, 음향, 도구, 분장, 의상, 음악, 영상, 사진, 연기지도, 대사지도, 안무지도, 동작지도, 무술지도, 대본 창작, 작창, 각색, 번역, 번안, 윤색, 재구성 등), 기획 등이 있다.

③ 경연대회(콩쿠르), 봉사활동, 축제, 행사 등의 일환으로 이루어지는 공연은 원칙적으로 인정하지 않는다. 단, 경연이나 축제의 성격이 있으나 참여 자체가 일정 수준을 전제로 초청받아야 가능할 경우 등은 인정할 수 있다.

제21조(연극 분야 인정기준)

① '연극'은 배우가 각본에 따라 어떤 사건이나 인물을 말과 동작으로 관객에게 보여 주는 무대 예술이다.

② 연극 분야 범주로는 대사극, 음악극(오페라, 창극(국극), 뮤지컬), 무용극, 마당극, 거리극, 마임, 행위예술, 전통연희(판소리, 가면극, 인형극, 그림자극), 아동 · 청소년극, 교육연극 등의 세부 장르

와 연극 비평이 있으며, 대표적인 직종으로는 연기, 연출, 극작, 비평, 기술지원(조연출, 안무, 조안무, 프로듀서, 예술감독, 드라마트루그, 무대감독, 장치, 조명, 음향, 도구, 분장, 의상, 음악, 영상, 사진, 연기지도, 대사지도, 안무지도, 동작지도, 무술지도, 작창, 각색, 번역, 번안, 윤색, 재구성 등), 기획 등이 있다.

③ 학생 공연 참여나 지도는 원칙적으로 인정하지 않는다.

④ 작품 개발 차원의 낭독 공연은 원칙적으로 인정하지 않는다.

⑤ 교육연극의 경우 무대공연을 목적으로 하되 해당 공연이 일정 정도의 예술적 성취를 이룬 경우에만 인정한다.

제22조(영화 분야 인정기준)

① '영화'는 연속적인 영상이 필름 또는 디스크 등의 디지털 매체에 담긴 저작물로서 영화상영관 등의 장소 또는 시설에서 공중(公衆)에게 관람하게 할 목적으로 제작한 것을 말한다.

② 영화 분야 범주로는 극영화, 다큐멘터리 영화, 애니메이션 영화 등의 세부 장르와 영화비평이 있으며, 대표적인 직종으로는 연기, 연출, 시나리오, 비평, 기술지원(조연출, 프로듀서, 예술감독, 연기지도, 대사지도, 안무지도, 동작지도, 무술지도, 각색, 번역, 번안, 윤색, 재구성, 촬영, 녹음, 편집, 장치, 조명, 음향, 음악, 도구, 분장, 의상 등), 기획 등이 있다.

③ 인력회사를 통해 참여하는 보조출연의 경우는 원칙적으로 인정하지 않는다.

④ 학생 작품 참여나 지도는 원칙적으로 인정하지 않는다.

⑤ 학교 영화제는 원칙적으로 인정하지 않는다.

제23조(연예 분야 인정기준)

① '연예'는 대중적인 연기, 노래, 춤, 만담, 마술, 곡예 따위를 관중 앞에서 공연하는 것을 뜻한다.

② 연예 분야 범주로는 드라마, 예능·교양 프로그램, 패션쇼, 광고, 만담, 마술, 곡예 등의 세부 장르와 대중문화 비평이 있으며, 대표적인 직종으로 연기, 연출(방송), 진행, 방송 대본, 대중문화 비평, 영상 기술지원(조연출, 프로듀서, 예술감독, 연기지도, 대사지도, 안무지도, 동작지도, 무술지도, 대본 창작, 각색, 번역, 번안, 윤색, 재구성, 촬영, 녹음, 편집, 장치, 조명, 음향, 음악, 도구, 분장, 의상 등), 공연 기술지원(연출, 안무, 조연출, 조안무, 프로듀서, 예술감독, 드라마트루그, 무대감독, 장치, 조명, 음향, 도구, 분장, 의상, 음악, 영상, 사진, 연기지도, 대사지도, 안무지도, 동작지도, 무술지도, 대본 창작, 작창, 각색, 번역, 번안, 윤색, 재구성 등), 기획 등이 있다.

③ 패션쇼와 광고의 경우 시행규칙 별표 기준에 따라 출연에 한정하여 인정한다.

④ 인력회사를 통해 참여하는 보조출연의 경우는 원칙적으로 인정하지 않는다.

⑤ 경연대회(콩쿠르), 봉사활동, 축제, 행사 등의 일환으로 이루어지는 공연은 원칙적으로 인정하지 않는다.

제24조(만화 분야 인정기준)

① '만화'는 하나 또는 둘 이상의 구획된 공간에 실물 또는 상상의 세계를 가공하여 그림 또는 그림 및 문자를 통하여 표현한 저작물로서 종이 등 유형물에 그려지거나 디스크, 인터넷 등 디지털매체에 담긴 것으로 관련 매체에 공표된 창작물을 말한다.

② 만화 분야 범주로는 캐리커처, 카툰, 스토리만화(교양만화, 학습만화, 홍보만화 등) 등의 세부 장르와 만화 비평이 있으며, 대표적인 직종으로는 창작, 비평, 제작 기술지원(스토리, 콘티, 펜 터치, 데생, 컬러작업, 배경, 효과, 편집 등), 전시 기술지원(조명, 음향, 장치, 도구 등), 기획 등이 있다.

제25조(소득 기준)

보조금 및 기부금은 해당 예술활동의 완료를 전제로 소득으로 볼 수 있으며 예술인 개인에게 귀속된 액수에 한하여 인정된다.

제26조(원로 예술인 인정기준)

① '원로 예술인'이란 오랜 기간 전문적인 예술활동을 한 만 70세 이상의 사람을 말한다.

② 심의위원회는 활동 기간, 경력(언론보도 내용, 수상 실적, 주요 행사 초청 경력, 문화예술 관련 공적, 기타 문화예술 관련 공인된 활동 등) 등을 근거로 원로 예술인으로 인정할 수 있다.

③ 원로 예술인으로 인정받을 경우 예술활동증명은 종신토록 유효하다.

제27조(경력단절 예술인 인정기준)

① '경력단절 예술인'이란 전문적인 예술활동을 시작한 이후 기준 기간 이상이 지났으나 질병, 육아, 임신, 출산, 가족 돌봄, 군대 등 불가피한 사정으로 기준 기간 내 하한 기준 실적을 충족하지 못하는 사람을 말하며, 경력단절에 대해 증빙자료를 제출하거나, 증빙이 어려운 경우 경력단절 사유를 직접 기술하여 예술활동증명을 신청할 수 있다.

② 심의위원회는 제출된 증빙자료 또는 기술된 경력단절의 사유가 타당한 것으로 판단될 경우 경력단절의 기간을 산정하여야 한다.

③ 심의위원회는 경력단절의 사유가 아직 해소되지 않았을 경우 경력단절 이전 활동에 대하여 예술활동증명 기준을 적용하여야 하며, 경력단절의 사유가 이미 해소된 경우 경력단절 이전과 이후의 실적을 합하여 같은 기준을 적용하여야 한다. ④ 경력단절 기간에 대해서는 예술활동증명 유효기간 산정을 하지 않는다.

⑤ 심의위원회는 판정 시점에서 경력단절의 사유가 해소되지 않은 예술인에 대하여서는 이후 경력단절 지속 여부를 판단하기 위한 차기 판정 시점을 정하여야 한다.

제28조(특수한 방식으로 작업하는 예술인 인정기준)

① '특수한 방식으로 작업하는 예술인'이란 작품 발표 주기가 유난히 길다거나 오랜 준비 기간을 거쳐 한꺼번에 여러 작품을 발표하는 등 작업 방식이 특수한 예술인을 말한다.

② 심의위원회는 신청자의 예술활동 실적을 근거로 특수한 방식으로 작업하는 예술인으로 인정할 수 있다.

③ 예술활동증명 유효기간은 해당 분야의 기준을 따른다.

제29조(무형문화재 관련 특례)

① 심의위원회는 「무형문화재 보전 및 진흥에 관한 법률」 제12조제1항, 제32조제1항에 따른 보유자 및 전승교육사에 대해서는 예술인으로 인정할 수 있다. 단, 「문화예술진흥법」상 문화예술의 범주로 볼 수 있는 종목에 한한다.

② 심의위원회는 「무형문화재 보전 및 진흥에 관한 법률」 제2조제6호에 따른 국가무형문화재 이수자 또는 시·도무형문화재 이수자의 경우 봉사활동, 축제, 행사 등의 일환으로 이루어지는 공연도 예술활동으로 인정할 수 있다. 단, 「문화예술진흥법」 상 문화예술의 범주로 볼 수 있는 종목에 한한다.

③ 제1항에 따라 보유자 또는 전승교육사가 예술인으로 인정받을 경우 그 자격이 유지되는 한 예술활동증명은 지속적으로 유효하다.

제30조(예술인 산업재해보상보험 가입 관련 특례)

① 심의위원회는 예술인 산업재해보상보험(이하 "산재보험"이라 한다)에 가입하기 위해 예술활동증명을 신청한 사람에 대하여 예술활동 관련 계약서 또는 예술활동 확인이 가능한 실적(최소 1회) 자료 등을 근거로 산재보험 가입 지원에 한하여만 유효한 예술활동증명을 한시적으로 할 수 있다.

② 예술인 산재보험 가입 관련 특례로 예술활동증명을 받은 사람은 이후 정식으로 예술활동증명을 신청하여야 한다.

제31조(표준계약서 체결 예술인 사회보험료 지원 관련 특례)

① 심의위원회는 '표준계약서 체결 예술인 사회보험료 지원' 사업에 신청하기 위해 예술활동증명을 신청한 사람에 대하여 서면 계약서, 보험료 납부 관련 자료 등을 근거로 당해 사업에 한하여만 유효한 예술활동증명을 한시적으로 할 수 있다.

② 표준계약서 체결 예술인 사회보험료 지원 관련 특례로 예술활동증명을 받은 사람은 이후 정식으로 예술활동증명을 신청하여야 한다.

제32조(예술인 신문고 관련 특례)

① 심의위원회는 법 제4조의4 문화예술용역 관련 계약 의무 위반 및 제6조의2에 따른 불공정행위로 인한 피해를 구제받기 위해 예술활동증명을 신청한 사람에 대하여 문화예술용역 계약서 또는 문화예술용역 계약관계에 있음을 객관적으로 입증할 수 있는 자료 등을 근거로 당해 사업에 한하여만 유효한 예술활동증명을 한시적으로 할 수 있다.

② 예술인 신문고 관련 특례로 예술활동증명을 받은 사람은 이후 정식으로 예술활동증명을 신청하여야 한다.

제33조(여러 분야 또는 목 간 복합 실적에 대한 인정기준)

① 여러 분야 또는 여러 목의 활동으로 분산되어 있다 하더라도 예술적 역량이 서로 연계되어 발휘된다고 판단될 경우 합산하여 예술활동 실적으로 인정할 수 있다.

② 예술활동증명을 위한 하한 기준을 1점으로 보고 환산, 합산하여 1점 이상인 사람으로 한다.

제5장 효력

제34조(유효기간 만료에 따른 재신청)

예술활동증명을 받은 사람은 유효기간 만료일 6개월 전부터 자격 유지를 위한 재신청 절차를 밟을 수 있으며, 유효기간 만료일까지 재신청을 완료하지 않을 경우 예술활동증명의 효력은 상실된다.

제35조(허위자료 제출 시 효력)

시행령 제2조제2항에 따른 자료를 거짓으로 제출한 사람의 예술활동증명은 무효이며 이 경우 일정 기간 동안 재단 사업 참여에 제한을 받을 수 있다.

부칙

이 예규는 발령한 날부터 시행한다.

참고문헌

「장애예술인 문화예술활동 지원에 관한 법률」
「예술인복지법」
「문화예술진흥법」

'2022장애예술인수첩', 한국장애예술인협회, 2022.
'2021장애예술인문화예술활동실태조사', 한국문화관광연구원, 2021.
'2021년 예술인실태조사', 문화체육관광부, 2021.
'2020년 장애인실태조사', 보건복지부, 2020.
'2018장애인문화예술활동실태조사', 한국문화관광연구원, 2018.
'예술활동증명제도 개선방안 연구', (사)문화사회연구소, 2022.
'장애예술인의 욕구에 기반한 장애예술인지원법 시행방안 연구', 한국장애학회, 2022.

김선규, '장애인이 복지의 수혜 대상이 아닌 납세의무자로서의 페러다임의 전환이 필요하
        다', 기초생활수급장애인의 고용 확대를 위한 제도 개선 방안 토론회, 한국장애인노
        동조합총연맹, 2023.
방귀희, '장애예술인의 창작활동 경험에 관한 연구', 숭실대학교 2013년 박사학위 논문.
우주형, '기초생활수급장애인의 고용확대를 위한 제도개선방안', 기초생활수급장애인의 고
        용확대를 위한 제도개선방안 토론회, 한국장애인노동조합총연맹, 2023.

방귀희, 「세계장애인물사」, 서울: 솟대, 2015.
파블리나 R 체르네바, 전용복 역, 「일자리보장」, 경기도: 진인진, 2021.

'예술활동증명 운영지침', 한국예술인복지재단 홈페이지.
"기초생활수급에 장애인의 가외소득 인정해야", 한겨레, 2021년 7월 13일.

DARC-1
장애예술인 예술활동증명제도 시행방안 연구

발 행 인 방귀희
주최/주관 장애인예술연구소
발 행 처 도서출판 솟대
발 행 일 2023년 7월 25일
주　　소 (08504) 서울시 금천구 서부샛길606, 대성지식산업센터 B동 2506-2호
전　　화 02-861-8848
팩　　스 02-861-8849
홈페이지 www.emiji.net
이 메 일 klah1990@daum.net
정　　가 9,000원

ISBN 978-89-85863-87-2 (93060)